U0863714

世界金奖级插画艺术家系列

沃尔特·克兰

A
B a ba
C
D
DICKORY DOCK
E
F
G ang
H
I
J
K
L
M
N
O
P
Q
R
S
T
U
V
W
X
Y
Z

世界金奖级插画艺术家系列

沃尔特·克兰

[英] 简妮·厄果洛 著 王博源 译

北 京 出 版 集 团
北京美术摄影出版社

封面 《我们绕着桑树林走》（细节），摘自沃尔特·克兰的《幼儿歌剧：一本关于旧韵文和新裙子的书》，弗雷德里克·沃恩，1877年

封底 沃尔特·克兰，《自画像》，曼彻斯特大学，1883年

卷首插画 《老朋友的字母游戏》，摘自绘本《六便士之歌》，1909年

上图 《兔子的新娘》，摘自《格林童话之家庭故事》，1882年

第112页图 沃尔特·克兰的图形签名

Published by arrangement with Thames & Hudson Ltd, London
Walter Crane © 2019 Thames & Hudson Ltd, London
Text © 2019 Jenny Uglow
Designed by Therese Vandling
This edition first published in China in 2020 by BPG Artmedia (Beijing) Co., Ltd, Beijing
Chinese edition © 2020 BPG Artmedia (Beijing) Co., Ltd"

图书在版编目（CIP）数据

沃尔特·克兰 /（英）简妮·厄果洛著 ；王博源译 .—北京 ：北京美术摄影出版社，2020.12
（世界金奖级插画艺术家系列）
书名原名：Walter Crane
ISBN 978-7-5592-0395-3

Ⅰ. ①沃… Ⅱ. ①简… ②王… Ⅲ. ①沃尔特·克兰—生平事迹②插图（绘画）—作品集—英国—现代 Ⅳ. ①K835.615.72②J238.5

中国版本图书馆CIP数据核字（2020）第190638号

北京市版权局著作权合同登记号：01-2020-1450

责任编辑：王心源
执行编辑：李　梓
责任印制：彭军芳

世界金奖级插画艺术家系列
沃尔特·克兰
WO'ERTE·KELAN
［英］简妮·厄果洛　著
王博源　译

出　版　北京出版集团
　　　　北京美术摄影出版社
地　址　北京北三环中路6号
邮　编　100120
网　址　www.bph.com.cn
总发行　北京出版集团
发　行　京版北美（北京）文化艺术传媒有限公司
经　销　新华书店
印　刷　广东省博罗县园洲勤达印务有限公司
版印次　2020年12月第1版第1次印刷
开　本　787毫米×1092毫米　1/16
印　张　7
字　数　125千字
书　号　ISBN 978-7-5592-0395-3
定　价　98.00元
如有印装质量问题，由本社负责调换
质量监督电话　010-58572393

目录

简介

沃尔特·克兰用他笔下大胆的轮廓，珠光宝气的色彩和生动的人物形象改变了当时儿童书的插画风格，增添了魅力。他的作品分黑白两色，插画以大型的寓言画为主，作为一名纺织品、陶瓷和室内设计的设计师，他在美学设计和手工艺领域处于领先地位。作为一名政治插画家，他为新社会主义创造了强有力的插画形象。他聪明、有趣又热情，富有远见又独具匠心。

铅笔和石板

克兰从小跟一群艺术家和工匠长大。他的父亲托马斯，是利物浦学院的一员，曾就读于皇家艺术学院学习肖像画和剪影，并以此为生。但托马斯也和他的三个兄弟一起雕刻石版画，这些石版画就刻在花园里，画面丰富多彩。克兰在1898年写道：“似乎是命中注定，像含着金汤匙出生一样，我一出生身边就有铅笔和画纸……作为我父亲的儿子，这些是生活中基本的必需品——我指的是铅笔和画纸——或者，因为在那个年代，铅笔和石板都是儿童最主要的画画材料。”

上图
摘自《沃尔特·克兰的作品》，《艺术年鉴》，1898年

第7页图
《杰克和豆茎》，1875年

He perceived the beans had sprout-
ed,—grown so very tall and high,
That the topmost of their branches
seemed to lose itself in sky.
" I must climb," cried Jack, delighted,
" it seems strong enough to bear;"
When his mother would prevent him,
no remonstrance would he hear.
Up he goes among the branches,
easy as a winding stair;
Climbing on for hours, he reaches
desert lands and bleaker air.
Was no sight or sound to cheer him,
and he very hungry grew;
As he wandered, sick and weary, an
old woman came in view:
She was old, her garments tattered,
and half blind she seemed, and
lame.

1845年8月15日，克兰出生在利物浦，是家中五子中的老三。在他出生的3个月后，全家搬到了托基，在那里他度过了一个快乐的童年，除了在残忍的学校校长魔掌下的那一段灾难般的时光。他从6岁起画画，和他的姐姐妹妹们一起给《伦敦画报》涂颜色，小克兰还仔细研究了威廉·哈维创作的《一千零一夜》的雕刻画，以及1853年版的奥利弗·戈德史密斯的《动画自然》和约瑟夫·纳什的《英国古建筑图鉴》（1839—1849年）中的插画，以及克里米亚战争期间商店橱窗里的军事版画。1857年春天，将近12岁的沃尔特·克兰举家迁往伦敦。他们住在谢菲尔斯布什地区，远处便是为肯辛顿和诺丁山附近的新露台提供砖头的砖厂。克兰画了一幅素描，画的是在稻草下面铺砖晾砖的人，还有棚子和马群。他在《关于艺术家个性发展的笔记》中写道："实际上，在大约两年的时间里，马厩和牛棚，以及各种不同的场景都是我学习艺术的学校。"克兰的动物画在当地已经很受欢迎，他画的驴子惟妙惟肖，在骑士桥的一家商店里卖10先令。在他后来的所有插画中，他画的马、狗、老鼠和青蛙都有着自己的生活。

克兰小时候参观伦敦画廊时，就对本杰明·海顿的巨幅油画充满敬畏，对那些"活力四射却暴躁的战马还有黄铜头盔"十分敬佩，但他最钦佩的是英国画家透纳——他一生的英雄。克兰的父亲有一本约翰·拉斯金的《现代画家》第一卷（1843年）的影印版，克兰读后颇受启发，并迷上了前拉斐尔派绘画。他也从南肯辛顿博物馆（后来的维多利亚与阿尔伯特博物馆）里展示的阿尔布雷特·丢勒所创作的《布隆普顿锅炉版画》，以及从优秀的托马斯·比威克这样的英国木雕艺术家那里学到了很多。

拉斯金的《绘画元素》（1857年）一书使他决心"画出每一片叶子"。不久，他开始为诗歌配插画，包括为丁尼生的《夏洛特夫人》创作了一套18幅彩色插画，一幅幅精致的水彩画，鲜花灿烂、河流涓涓、田野一望无际。这反映了19世纪40年代流行的"精印插画礼品书"的特点，是当时哥特复兴的一种体现，但对于一个13岁的男孩来说，它们展现着克兰在艺术方面不同寻常的新鲜感和独创性。克兰家的一个朋友把这些画拿给拉斯金和雕刻师

第8页图
《阿拉丁神灯》，1875年

上图

《孩子们的普鲁塔克》，1910年

第11页图

《夏洛特夫人》，1858年

Willows whiten, aspens quiver,
Little breezes dusk and shiver
Thro' the wave that runs forever
By the island in the river
Flowing down to Camelot.

W.J.林顿看，拉斯金非常欣赏克兰对色彩的感觉，雕刻师W.J.林顿则立即把克兰请去当免费学徒。

学徒

1859年1月，克兰来到了林顿在埃塞克斯街的作坊，离舰队街不远。林顿在不惑之年成了一位一流的木雕师，只有达尔齐尔兄弟和《笨拙画报》的约瑟夫·斯温能与之匹敌。他是一位狂热的激进分子、宪章运动支持者，也是1848年被流放的马志尼的朋友，他出版了自己的杂志《人民和英国共和国的事业》。那时，林顿娶了他的第二任妻子，小说家伊丽莎·林·林顿，克兰认为她是“一个充满主见的女人”“见解高明”。而“林顿留着飘逸的头发和胡子，穿着奇特的衣服，戴着一顶硕大的黑色宽边帽，”克兰写道，“他是一个善良、慷慨、冲动和热情的人……内心深处是一个真正的社会主义者，对自由有着强烈的向往，身上还带着许多‘1848年革命’的余温。”

在作坊里，有6个雕刻师和6个学徒，其中几个是聋哑人，只能用手语交流，在靠窗的一个铺着绿呢的长凳旁工作。在这里，克兰学会了把图画用硬笔雕刻到黄杨木块上，图案线条利落又清晰，这样方便雕刻家切割木块，只留下线条供印刷用。他空闲的时候或会去逛坦珀尔花园，或是去欣赏泰晤士河上的驳船，又或是漫步于舰队街，阅读《笨拙画报》公司橱窗里的漫画，尤其是约翰·里奇、约翰·坦尼尔和查尔斯·基恩的漫画。

1859年，林顿陷入了困境，不得不把公司搬回了他在哈顿花园85号的老房子里，老房子的屋顶上全是猫，孔雀在护墙边游行，“我们可以看到雄孔雀展开华丽的拜占庭式半圆顶羽毛”，这个形象一直留在克兰的脑海里。林顿知道克兰会画动物，所以允许克兰去动物园画素描。这是他日常工作的一个可喜的变化。他的日常工作包括为客户画一些关于铁床的插画集、医学解剖图、故事片段插画、《圣经》插画和图书插画。

上图
《观察一位工作中的雕刻师》，1861年

前拉斐尔派的魅力

1862年1月，克兰三年的学徒生涯结束了。16岁时，他自己揽活，为便宜的册子和杂志创作插画，并在大英博物馆的阅览室里埋首笔耕，抄画百科全书，临摹“从莎士比亚半身像到檀香山的风景”。

然而，他写道，“我最初的爱是油画”。在1862年的国际画展上，他被前拉斐尔派作品深深吸引，那一年，克兰自己的油画《夏洛特夫人》也在皇家艺术学院的夏季画展上展出。第二年，也许是受他为卡洛琳·哈德利的《古老的故事：儿童圣经故

第14页图
《无花果与孔雀》壁纸，19世纪90年代中期

下图
《夏洛特夫人》，1862年

事》所画插画的启发，他为精神病院院长威廉·胡德医生创作了《露丝和波阿斯》。画中的这对夫妻后面是一群收割者，云层低得快要接近地平线，地平线非常具有英国特色。画中的人物从衣着来看，更像是来自中世纪而非《圣经》，这反映了克兰对服装的热爱。当他可以去伦敦塔的武器库画画时，他很高兴。他精心绘制了波阿斯身上的盔甲，这也预示着之后他画的骑士服装十分华丽。

约翰·埃弗雷特·米拉斯的《福特的伊萨姆布拉斯爵士》（1857年）给克兰留下了深刻的印象，他说："我无法用言语来表达……它十分具有独创性……它是浪漫的，是一幅非常有说服力且真实的画作，我年轻时，它在我眼里是那么的新鲜。"他攒钱

上图
《露丝和波阿斯》，1863年

买了1857年出版的莫克森版《丁尼生诗集》，里面有米莱斯、威廉·霍尔曼·亨特和但丁·加布里埃尔·罗塞蒂的插画，这些插画是林顿和达尔齐尔刻的。他发现罗塞蒂作品中的人物形象，比如当画中加冕的皇后哀悼亚瑟王之死时，“十分迷人，永远可以拿来做练习”。后来克兰认为装饰艺术的复兴源于罗塞蒂等人这个群体，他说：“这群人追求细节，绞尽脑汁，秉持象征主义，自然主义，以及支持上层的中世纪艺术诗歌，将人们的注意力转向绘画以外的其他艺术。”

1861年，林顿正在为亚历山大·吉尔克里斯特的《威廉·布莱克的一生》（1863年）做尾饰。布莱克是克兰心目中的另一位英雄，但克兰也“从早期意大利人、中世纪撰稿人及前拉斐尔派的作品中寻找灵感”，还买了丢勒的“不朽”画作《骑士与死亡》《忧愁》《死亡，朋友》和阿尔弗雷德·雷特尔的《敌人之死》。雷塞尔是前拉斐尔派推崇的德国拿撒勒派艺术家之一，其线条雄浑，对克兰的绘画风格产生了很大的影响。

右图
但丁·加布里埃尔·罗塞蒂，《哭泣的女王》，1857年

19世纪60年代中期，福特·马多克斯·布朗伟大的绘画作品《工作》中，挖土机在汉普斯特德路挖沟的场景打动了克兰。但真正向他展示艺术家才能的是爱德华·伯恩-琼斯1864年在老水彩画协会首次展出的水彩画：

> 窗帘拉开，我们窥得一个充满浪漫和诗情画意的神奇世界，一个“已死的姑娘和有爱的骑士”的鬼魂满地都是的暮光世界，林地黑暗神秘，溪边鬼魂徘徊，草地郁郁葱葱，燃烧的花朵星星点点，笼罩在朦胧神秘的光线下，染上了暗红色和金色，仿佛真的有人透过那扇打开的魔窗，凝视着位于被人遗忘的仙境里的大海，大海波涛汹涌。

也许这并不奇怪，正因为有了这样的想象，一些年轻的学生才会愿意去进一步探索。

当克兰开始给儿童书创作插画时，他借用了前拉斐尔派的姿势、服装和方法，特别是借鉴了伯恩-琼斯通过绘制慵懒的姿态、飘拂的长袍，一扇画有符号象征的窗户，以及在主要人物身后的一幅挂毯，来加深故事内涵的技巧。

评论家们说，达德利画廊是“诗意”和“奇特”艺术的发源地，1865年，这里举办了首次春季水彩画展。克兰成了年度参展人。他的几幅水彩作品都是前工业时代的田园风格，其中一幅于1868年展出，标题取自约翰·弥尔顿的《欢乐颂》，他所画的景象“是年轻诗人所梦想的——在夏夜，坐在仙女出没的小溪旁”。

和伯恩-琼斯一样，克兰不仅创作古典主义风格的作品，也创作哥特式风格的作品，同时，他还受到布莱克流畅风格的影响。创作《波斯传奇人物奥尔马兹达和阿里曼》（1869年）时，从描绘与时间之河的善恶之战开始，他的画风变得越来越像寓言故事。

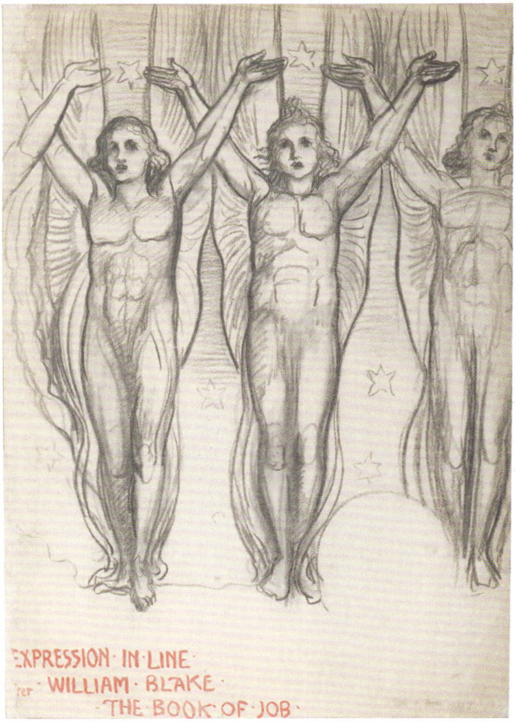

上图

爱德华·伯恩-琼斯，《礼赞维纳斯》，1873—1878年

右图

《情感表达：大家兴高采烈，其乐融融》，1896 年

上图
《美女与野兽》，1874年

黑白60年代

克兰早期的说明性作品是黑白色的。他为约翰·R.德·卡佩尔·怀斯的《新森林：其历史和风景》创作插画时首次引起了评论家的注意。1862年夏天，克兰在森林里写生，然后把画交给雕刻师雕成版画，这些版画赢得了人们的热烈称赞，尤其是受到来自康希尔的乔治·亨利·刘易斯的喜爱，刘易斯预言这位“只有17岁的年轻插画家”会前途无量。之后，他们成了好朋友。

这是插画家的繁荣时期，杂志社的插画工作源源不断，因为每年都会出现新办的杂志：《每周一次》（1859年），编辑查尔斯·狄更斯；《康希尔》和《好词佳句》（1860年）；《娱乐》（1861年）；《伦敦社会》（1862年）。“60年代”的插画家的风格不再像威廉·霍加斯和乔治·克鲁克西昂克那样具有讽刺性，他们的风格时常严肃，时常多愁善感，而且对自然主义的结构和价值的理解有一种古典感，相信艺术的象征力和语言。

克兰与米莱斯、乔治·杜·莫里耶和弗里德里克·桑迪斯一起为《每周一次》作画，他为该杂志创作的作品展示了其对悬疑叙事的娴熟。但克兰仍然在寻找自己的插画风格。起初，他的插画书有克鲁克西昂克和菲兹作品的影子。他为《伦敦社会》杂志画的优雅场景风格时尚，他所创作的动物速写集也赢得了《狄更斯的狗狗们》的作者的青睐并为其撰写文章，而他在国内创作的插画有一种弗雷德里克·雷顿的抒情风格。弗雷德里克·雷顿是一位插画家，1863年为《康希尔》杂志创作了乔治·艾略特所著《罗默拉》的插画。克兰还注意到了亚瑟·休斯的想象力天赋，这是当时最异想天开的黑白儿童插画家。

克兰的工作开始堆积如山：1863年，为特拉福德的小说《荒原与沼泽》创作莱顿式的版画，由林顿雕刻，1864—1865年在《月刊》上连载。为维多利亚幼儿主食书、托马斯·戴伊的《桑德福德和默顿的历史》和约翰·艾金及其妹妹巴宝德夫人所创作的《晚上在家》创作插画；1865年，为纳撒尼尔·霍桑的《变形记》（或称《玉石人像》）创作插画。1866年7月，他和弟弟汤

第22页图
卷首插画，《新森林》，1862年

左上图
《伦敦狂欢节》，绘于《伦敦社会》杂志，1862年

右上图
亚瑟·休斯为乔治·麦克唐纳的《北风背后》所创作的插画，1871年

姆在巴黎度假后，在《笨拙画报》上发表了一幅插画，《发鬓之秀：对发型师协会的启示》。1869年，他通过为《国王加布的故事袋》创作插画，向哥特式奇幻风格迈出了全新的一步。该书的作者是查尔斯·马歇尔，笔名为“赫拉克利特斯·格雷”。这本书第一次使用了他的姓“克兰”字母组合的图案，宣传语称该书为“继阿尔布雷特·丢勒插画之后”又一次黑白插画的胜利。

休假

19世纪60年代，克兰在皮克区度过了一个漫长的夏天。先是和约翰·R.怀斯去的那里，当时怀斯正计划写一本关于该区的书。后来，他带着兄弟汤姆、亚瑟和姐姐露西，还有他的好朋友哈利·埃利斯·伍尔德里奇住在皮克区的哈泽尔福德庄园附近。克兰喜欢那里的深谷和崎岖的荒野。他喜欢画风景画，喜欢研究云彩，喜欢如饥似渴地阅读。他仍然乐此不疲地读着拉斯金的著作，后来怀斯把赫伯特·斯宾塞、约翰·穆勒和拉尔夫·沃尔多·爱默生介绍给他，他开始对奥古斯特·孔德的发展思想，查尔斯·达尔文和斯宾塞的进化论产生浓厚兴趣。

克兰工作很努力，但也会花时间寻找乐趣。他在哈泽尔福德的速写本上写满了关于伍尔德里奇音乐的笑话，还画了在斜坡上

第24页图
《国王加布的故事袋》卷首插画，1869年

下图
克兰在哈泽尔福德庄园中自己的房间作画，1865年

玩槌球、美餐和阳光野餐的情景。

1868年，克兰遇到了埃塞克斯郡一位乡绅的女儿玛丽·弗朗西斯·安德鲁斯，不久就开始为“不在身边的挚爱”写十四行诗。他们于1870年春订婚。那年夏末，克兰和她在安布尔塞德的家人团聚，次年9月6日，他们结婚了。

上图
《野餐》，约19世纪60年代末

玩具书

在克兰结婚的时候，他已经是一位富有创新精神且声名在外的儿童彩图插画家。1863年，他开始和雕刻师埃德蒙·埃文斯合作。彩印已经流行了近20年，埃文斯是出大力的推广者。埃文斯是一个善良简单的人，也是一位有远见的印刷商和出版商。他一直鼓励克兰，从他给克兰的来信中能看出他对克兰的温柔建议，提醒他截止日期，问他新工作的想法。他们是一生的挚友。埃文斯退休后，克兰仍与他的儿子们一起工作。

克兰和埃文斯的首个合作项目是旅途读物。这种读物的封面是黄颜色的，所以被称为“黄本”，与白色封面相比，耐磨损又耐脏。他一直做着这个工作，做了十多年。

19世纪60年代中期，埃文斯开始印刷儿童图书（也称“玩具书”），克兰无疑成了最合适的插画家。这些玩具书，通常8页，彩色，内容包含字母课、数数课、童谣和童话故事。插画带文字框的小书售价6便士，而图文分开、两页开的大书售价1先令。玩具书与故事书的发展完全相反，从一开始售卖便受到广泛青睐。不久后，埃文斯开始挑选主题、聘请插画家及印刷工专门制作。

克兰对早期的玩具书不屑一顾，认为它们都是“总体上粗枝大叶、缺乏想象力的木刻作品，手工上色非常随意，毫无目的地在脸和裙子上涂粉红色和翠绿色”。但他自己用心对待的作品就跟以往这些完全不同。1865年，他与埃文斯同时为沃德出版社、洛克&泰勒出版社、弗雷德里克·沃恩出版社和乔治·劳特利奇&颂兹出版社工作，在《杰克建造的房子》中展示了他的设计技巧，在《詹妮·雷恩的感人故事》中赋予了动物们独特鲜明的个性。但他的风格过于细致和有质感，无法很好地把握色彩，于是他很快采用了更简单的线条。

他分阶段地进行工作。首先，克兰用印象派绘画或水彩画来规划场景，专注于人物和群体，线条和页面质量。然后他简化了构图，给形状和背景提供了坚实的轮廓——就像彩色玻璃的轮廓一样。然后克兰将这些画在描图纸上，这样埃文斯就可以将它反

第28页图
《煽情小说》封面，1875年

第29页图
《詹妮·雷恩的感人故事》，1865年

PRICE SIXPENCE.
SENSATION NOVELS
CONDENSED BY
BRET HARTE
LONDON: WARD, LOCK, AND CO.

LIFE
NO MORE · PILLS · OR ANY · OTHE · MEDICIN

过来画在木块上了。一旦轮廓画好了，“图例”也就好了。克兰把印样画成水彩画，以便埃文斯知道如何印刷颜色。每个颜色都需要单独的木块，这些木块会按顺序印刷，通过颜色与颜色的叠加可以获得微妙且丰富多彩的效果。最后，图例被印在彩页上，文字从金属模板上印下来。

克兰的插画大致分为两种类型，一种是展示当代生活场景的，另一种是展示故事和韵律的。1865年，克兰每天会从两张字母表开始创作。一张是红、蓝色的《铁路》，一张是红、黄、绿色的《农场》（最初名《乡村字母表》，他的作品《乘法口诀表》《押韵的语法》及大他3岁的姐姐露西编的日常故事也采用了

上图
为《杰克和豆茎》创作的插画，1875年

第31页图
为《这只小猪去了市场》画的部分水彩画，1871年

:THIS LITTL PIG:
:CRIED-WEE! WEE!

上图

为《拉齐博伊国王的派对》画的插画，1870年

第33页图

《拉齐博伊国王的派对》，1870年

November the next, arm-in-
arm with the Archer
Who shot at the froggie;
Miss Rayne Dullan Foggie,
And Mr. Jack Frost in a stick-
up and starcher.

December came last, and he
seem'd very old,
And he rode on a goat,
In a very thick coat,
Sprinkled over with snow, and
looking so cold.

ADJECTIVES
tell the kind of
Noun,
As 'great,' 'small,'
'pretty,' 'white,'
or 'brown.'

同样的风格。露西 · 克兰是一位才华横溢的艺术家、音乐家及意大利语和德语翻译，同时也是在《阿格西》杂志活跃的诗人和小说家，家庭教师的职业使得她对儿童有更深入的了解。在《杰西是怎么迷路的》《伦敦的安妮和杰克》《胖胖历险记》（讲的是一只小狗掉进冰里的故事），以及她写的童谣中，露西让她笔下的角色和动物活灵活现。

童谣和奇幻故事能让克兰文思泉涌，富有想象力。他在《唱一首六便士》和富有前拉斐尔派中世纪风格及骑士风格的作品《老侍从》中加入了大量幽默感和时代气息。《老侍从》是一本关于他自己的故事。他画满了整页，让文本框的内容成为整个插画中最幽默的部分。他给《这只小猪去了市场》的动物穿上奇装异服，给另一篇作品《拉齐博伊国王的派对》创造了一个奇特的月份和十二生肖。

第34页图
《押韵的语法》，1868年

左上图
《伦敦的安妮和杰克》，1869年

右上图
为《胖胖历险记》创作的插画，1870年

There came a little blackbird,
And nipp'd off her nose.

第36页图

《唱一首六便士》，1866年创作，1909年重画

上图

《一只张大着嘴巴摇摇摆摆的青蛙》，1866 年

1866年，劳特利奇出版社接管了玩具书出版业务，克兰在接下来的10年里为他们画了很多插画书：他总共创作了40多本书，印刷了上万册。在这些作品的创作初期，一位海军朋友借给了克兰一本书，里面是日本版画大师歌川丰国的版画，他在这些版画中发现理想的模型是“清晰的黑色轮廓，平整的明亮颜色，充满

戏剧性和装饰性”。克兰喜欢这种用“浮世绘”技巧去捕捉生命流逝的方式，对他的影响体现在1869年克兰创作的《一、二，扣上我的鞋子》中。在这部作品里，他设计大胆，画面中的风扇、防火屏风和黑骨椅子这些物件细节的展示是他将感兴趣的风格与当时英国人对所有日本事物的喜爱联系了起来。

对许多画家和装饰家影响深远的日式风格在克兰1870年创作的《仙女船》中体现得淋漓尽致。作品中各种妙趣横生的画面，甲板上的鸭子船长和对他崇拜至极的老鼠水手们更是有趣。而在最简单的设计中，比如货舱里的杏仁，克兰也能利用线条创造出非比寻常的效果。

左上图
《一、二，扣上我的鞋子》，1869年

右上图
《仙女船》，1870年

美与感觉

1871年，克兰和玛丽结婚后，他们沿着莱茵河顺流而下，在意大利待了两年，游览了威尼斯、佛罗伦萨、那不勒斯和卡普里岛，并在罗马一套热闹的公寓里幸福地安顿下来。他仍旧为玩具书作插画，然后把图样寄到伦敦埃文斯那里，埃文斯通过照相技术将克兰的作品转移到木板上，并寄回罗马让克兰上色。这也是朝着照相制版迈出的重要一步。19世纪70年代末，“照相凹版印刷”技术在美国发展起来。

玩具书的成功促使劳特利奇出版社开始制作2册到3册的合订本。1873年，克兰回到伦敦后，他们开始制作“沃尔特·克兰玩具书系列”“六便士系列”。第二年，他们推出了更大的“先令系列”，使用了足足6种颜色，并且图文分开。每个系列都有一个标准的封面设计，“六便士系列”的封面是一只鹤，“先令系列”的封面是例如一个小孩伸手去拿水果的故事。为了保持低价，因而印刷量很大，第一次印刷量达到了10000册。

在克兰创作的过程中，他的创造力也在不断提高。他增添一些细节来吸引眼球，并通过一些小场景来展示故事的完整性，比如《一双好鞋》里的鞋匠自豪地看着小女孩穿她做的新鞋。克兰

左下图和右下图
《静悄悄的公寓》，克兰于19世纪70年代早期在意大利创作

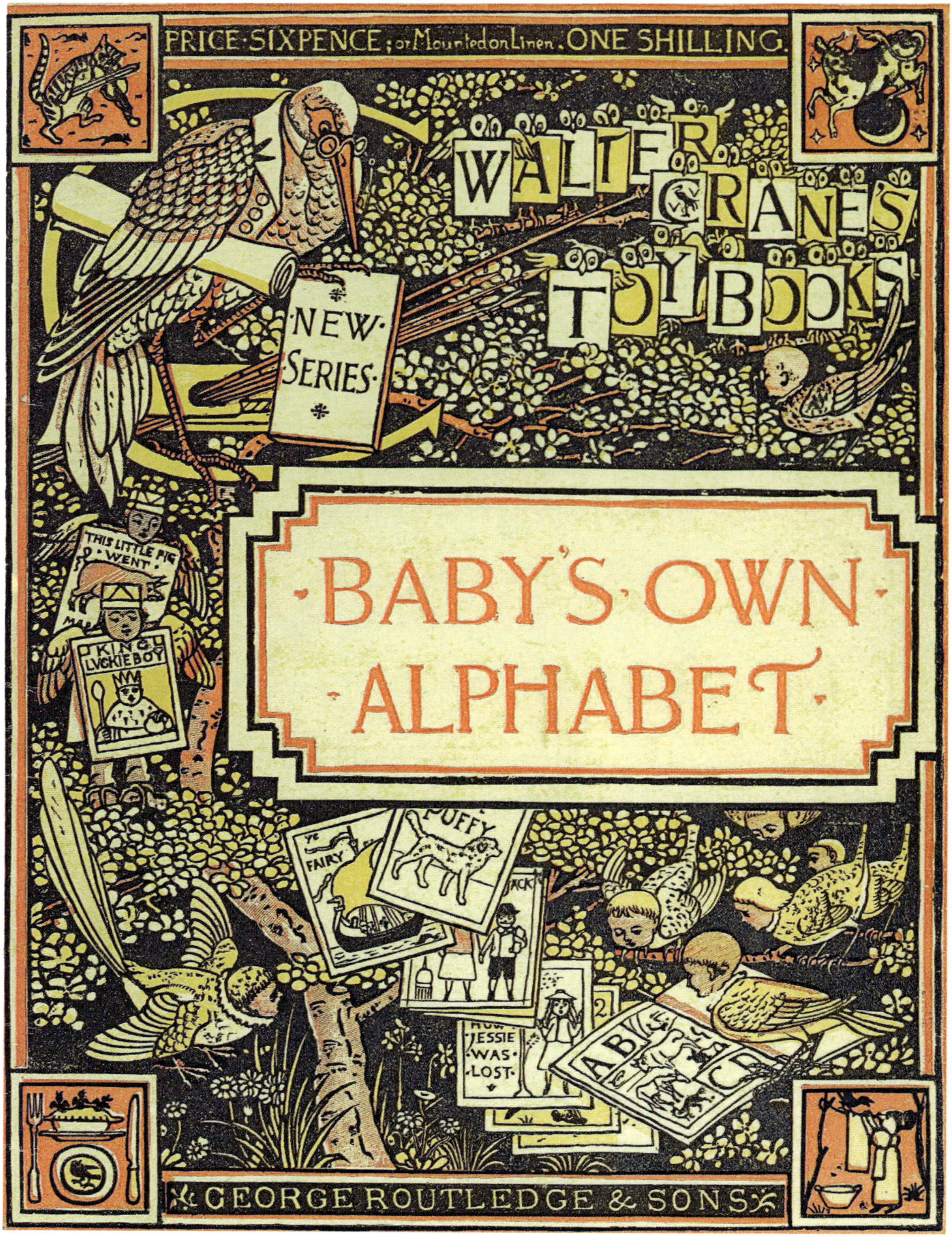
PRICE·SIXPENCE; or Mounted on Linen. ONE SHILLING
WALTER CRANE'S
TOY BOOKS
·NEW·
SERIES·
THIS LITTLE PIG WENT
KING LUCKIEBOY
·BABY'S·OWN·
·ALPHABET·
PUFFY
HOW JESSIE ·WAS· ·LOST·
GEORGE ROUTLEDGE & SONS

第40页图
“沃尔特·克兰玩具书系列”的封面，售价6便士

上图
“先令系列”封面

对直线和视角的运用使得他的场景图大气有力。他作品中的人物不是静态的，他们自然且有自己的设定，能走路、爬山、休息，而且在交谈时，手势生动。克兰是动态作画的大师，从蹦蹦跳跳的孩童到吃力爬楼的“三只小熊”，他都能快速地画下动态草图作为线索。在教学中，他也常鼓励学生们参考埃德沃德·迈布里奇那些具有开创性的照片，看看人和动物是如何移动的。

克兰把纸上的黑色轮廓处理得非常平整，正是因为轮廓很清晰，所以他在处理颜色、细节以及增添幽默时非常轻松，毫不含糊。他最大的天赋是认真对待童话般的想象世界，使用连贯的建筑背景，并注意服装和装饰的设计。在那些跨越时间的背景中，

上图
《一双好鞋》，1874年

第43页图
《三只小熊》，1873年

They rushed upstairs, and Father Bruin,
growling,
Cried out, "Who 's lain upon my bed ?"
"Who 's lain on mine ?" cried Mother
Bruin, howling;

"No, Master," said Puss, "give me boots to my feet—
A pair of top-boots—and please leave me alive,
And you shall just see how we'll flourish and thrive."

第44页图
《穿靴子的猫》，1874年

上图
《小红帽》，1875年

他将当代事物与“历史”建筑、服装结合在一起，让人想起克兰之前在意大利时喜欢的文艺复兴时期的画作和精美的文字。他以一种前所未有的方式融合了各种风格，创造了一种既遥远又熟悉的视觉语言。他的插画还充满着童话般的魅力，但又切合实际，让虚构的故事看起来“真实”——你会觉得他笔下的茶壶会倒出来水，灯会发亮，门会发出敲门声。

For a month after the wedding they
lived and had good cheer,
And then said Bluebeard to his wife,
"I'll say good-bye, my dear;
"Indeed, it is but for six weeks that I
shall be away,
"I beg that you'll invite your friends,
and feast and dance and play;
"And all my property I'll leave con-
fided to your care:
"Here are the keys of all my chests,
there's plenty and to spare.

克兰的画线条平稳，颜色平整，这都是为他的读者量身定做的。“儿童就像古埃及人，”他后来写道，“似乎从轮廓就能看到大多数东西，他们喜欢一目了然的轮廓和明亮干净的颜色，不想为三维立体而烦恼。他们能接受符号表示法。”他认为，绘画“是一种用图画来讲故事的方式，儿童会通过画面热切、开心地追随每一篇图画故事情节”。更重要的是，“当他们可以数数时，还会检查你画中的数量，所以插画家必须小心对待画稿”。例如，只有24只画眉才能进行“唱一首六便士”的表演，而不是23只或25只。插画家和读者都可以自由地遐想：

> 给儿童最好的插画作品就是赋予作品天马行空的幻想，给幽默和悲伤留白，因为儿童的心中永远充满惊奇感和浪漫感，有着一颗在某种情况下永远也长不大或变不老的心。

这是维多利亚时期儿童文学史上一个非常有趣的时期，作家们开始认同儿童的思想，而不是否定他们。克兰理解儿童在翻开一篇插画发现一张巨椅上放着骷髅和颅骨，墙上贴着蝙蝠或者灰姑娘丢弃的靴子时的紧张感。他们喜欢强大又奇怪的形象：《阿里巴巴——东方故事》中的性感形象，《青蛙王子》中的奇怪形象，或是《小黄矮人》中武士反派的火鸡怪物形象。最重要的是，克兰的插画从未失去人性。我们能在《贝拉-埃托伊尔公主》里看见，水手低头看着熟睡的婴儿时，脸上展露的人性，背景则是海豚在跳跃，新月低悬，以及在《美女与野兽》的插画中，美女俯身担忧地看着痛苦的野兽的情景。克兰是一位伟大的插画家，因为他是一位真正会讲故事的人，能够在幻想的背后道出真实的情感——愤怒、怨恨和嫉妒，悲伤和渴望，温柔、善良和爱。

第46页图
《蓝胡子》，1875年

第48和49页图
《杰克和豆茎》，1875年

第50页图
《瓦伦丁和奥森》，1874年

第51页图
《灰姑娘》，1873年

On he went, and reached
not at home;
Wife permitted Jack to
Meat and drink she gave
house,
And at last she hid him,
spouse,
Who, on entering, loudly
meat,
But was by his wife pers
(Grieved I am that it co
And when he his suppe
hen,
Who a golden egg pro
"Lay!"
When the giant fell aslee

se, and found him
so far he 'd come ;
ed him over all the
the hunger of her
plainly smelt fresh
s meal to eat,
the flesh of men);
brought a splendid
the giant shouted
hen and ran away.

And there within the castle hall they saw a head of brass
That uttered marvels,—of their birth, and how it came to pass;
How in a convent lonely was their mother Bellisant;
How the King and Queen of France were their uncle and their aunt;
How the High Priest had confessed his lies, with many tears and groans;
How the Emperor, their father, was in search of wife and sons.
So the lost were found, the wrong made right, by all good rule and line;
They married well, and lived long years—ORSON and VALENTINE

Next day was proclamation made : "Whereas, a crystal shoe
Has been discovered at the ball, who is the owner—who?
All ladies now must try it on ; the Prince will marry her,
Whoe'er it be, who easily the crystal shoe can wear."
No foot was found to fit the shoe ; they tried throughout the town ;
At last they came unto this house, and called the ladies down.
The sisters try to get it on, and pull, and push, and squeeze,
When Cinderella calmly said, "Allow me, if you please."
The sisters scorned her for the thought, and much surprise they knew,
When Cinderella from her pocket pulled the fellow shoe.
She tried them on—they fit—and she, no longer kitchen-maid,
Stands up to meet the Prince in all her beauty fair arrayed.

上图
《小黄矮人》，1875年

右图
《贝拉-埃托伊尔公主》，1875年

第53页图
《美女与野兽》，1874年

唯美主义

1872年，在罗马，克兰将玛丽画进了《在家：一幅自画像》：她斜靠在壁炉台边，旁边是刻着“MARIA”字样的意大利锡釉花瓶，“Maria”是她名字的意大利语形式，花瓶上插着一根桃金娘枝条，它象征着维纳斯。古色古香的油灯、彩绘的瓷砖及她身后的挂毯，挂毯上的公主戴着狩猎女神戴安娜的王冠，而丘比特向一只仙鹤举起了他的箭——这些元素无不在说克兰个人的情感。这也是一个精心的室内“美学”设计，是向克兰喜欢的古典装饰艺术致敬。他痴迷于研究伊斯兰和埃及的设计，沉醉于才华横溢的欧文·琼斯的精美礼品书籍和错综复杂的封面设计。欧文·琼斯是1856年万国工业博览会的馆长，著有《世界装饰经典图鉴》一书。

那个时代，发起美学运动的艺术家们渴望一种完全根据形

左图
《在家：一幅自画像》，1872年

式、以线条和色彩为基础的、全新的、不受道德和宗教批判的、感性的审美方式。在强烈的欣赏之中的生活是最理想的，正如著名文艺批评家沃尔特·佩特在1868年《文艺复兴史》一书的结尾处所提倡的那样："永远用这种坚硬的、宝石般的烈焰去燃烧，保持这种狂喜。"克兰从未完全坚持"为艺术而艺术"的理念，但他确实同意佩特的观点，即理解过去的艺术和神话可以帮助人们反抗残酷的、商业化的现在。评论家们轻蔑地使用"装饰性"一词，将其与琐碎、精致、过度和女性化联系在一起。但对克兰来说，"装饰性"是最完美的。就绘画艺术而言，他认为只是一种对现实的复制，而装饰性艺术富于表现力、具有暗示性，并且是"诗意的""抽象的"。他写道，线条是"一种语言，是多种语支中最敏感、最有力的语言，适用性很强"。图像和符号可以通过直观表达来传达思想，吸引眼球。甚至连字母表里的字母也曾经是图画，之后才逐渐发展成抽象的概念，直到成为今天人们所熟悉的符号。

从另一个层面讲，装饰能改变成年人的生活方式。克兰后来写了关于创作的文章，文章中反映了他自己对美和理想主义的追求。他总结道，对美的追求是"纯粹启发灵感的艺术目的"。技能可以让一个角色成形，但"美不是那么容易得到的"。

> 美——它是一个如此精致又复杂的元素，我们需要平衡地判断和处理问题，或许线条的宽度和弯曲程度的一丝差异都不能织出精密的技术网去捕捉敏感的蝴蝶。它的确是艺术的一种精神，是一种正在寻找和一种已经寻找过，最终依靠奉献和爱心来赢得的精神。

在克兰的《美女与野兽》中，野兽既是一只巨型野猪，也是一个精心打扮的士兵，同时还是一个精明的狩猎者，他透过单片眼镜注视着自己的猎物。但他周围环境（羽管键琴上画着俄耳甫斯用七弦琴驯服野兽的古典小场景）的精致暗示着更深层的变化。美丽的心灵，或是艺术的灵魂，可以唤醒和激发一种新的生活。

第56和57页图
《美女与野兽》，1874年

设计

克兰写道：“装饰效果和细节一直很吸引我。”他解释说，他的插画很多被用于装饰，“比如用在壁纸、饰带、刺绣、挂毯、瓷砖、马赛克和彩色玻璃上”，他也因此获得了较为丰厚的报酬。

19世纪60年代末，画家、未来的卡莱尔第九伯爵乔治·霍华德看到了克兰的画，并把他介绍给了伯恩-琼斯、威廉·莫里斯，以及他们的圈子。几年后，1875年，克兰被伯恩-琼斯请去帮忙创作霍华德的新房子的饰带，主题是丘比特和心灵。新房子位于1号格林宫殿，设计师为菲利普·韦伯。克兰早期的设计亮点是天花板和檐壁镀银并涂有彩色漆，他为荷兰公园1号亚历山大·爱奥尼亚德斯餐厅也做了精美细节设计，充分展示了装饰艺术。随着他声名鹊起，他的设计出现在越来越多的地方，包括弗雷德里克·雷顿阿拉伯大厅的马赛克，威廉·斯波蒂斯伍德的库姆贝银行客厅的天花板上“各种色调的石膏浮雕、镀金和镀银的行星和季节装饰图案”。克兰作为一名时尚设计师，他与乔治·福·瓦茨、弗雷德里克·莱顿、瓦尔·普林斯普、伯恩-琼斯和詹姆斯·艾伯特·麦克尼尔·惠斯勒一起住进了荷兰德宅邸，房子里住的都是艺术家和作家。

出人意料的是，克兰的设计作品，像伯恩-琼斯和莫里斯一样，将理想转向了改变，当时只有富人才会为社会做出贡献。不过克兰的插画也吸引了先进的制造商，从而进入了更广阔的中产阶级市场，也因此很少有工薪阶层的家庭购买他的插画。他为韦奇伍德设计了锅，为马奥瓷砖公司和皮尔金顿等设计了装饰瓷砖，其中有名的是1878年在巴黎展览的“夜之女神”瓷砖。他还设计刺绣作品、纺织品和地毯，多年来为杰弗里公司创作了50多幅壁纸，包括宝宝壁纸（全新的创意）及为大沙龙设计的漂亮的螺旋壁纸和阿拉伯花鸟壁纸。

克兰仔细考虑了每个房间的情况，使用百搭的颜色在墙裙的上面和下面画了不同的纹样，以及在天花板附近画了一条中楣。

第58页图
为荷兰公园1号门板创作的设计图

上图
“夜之女神”瓷砖，马奥瓷砖公司，
1878年

上图

《跳绳的女孩们》，中楣，1880年

他还设计了地毯，为了使地毯与墙壁和地板相搭配，他将图案设计得严谨单调，在重复中，采用简单的自然图案。不同寻常的是，他引用了希腊寺庙和哥特式建筑中的装饰，以及从诗歌、神话、日本版画和中世纪纹章中找到了灵感。

克兰的平滑图案以美学为基础，参考了植物的形态和鸟的轮廓，是19世纪80年代和90年代流行的新艺术设计的早期典型。他的作品在欧洲和美国广受好评——1878年，他为美国的克拉伦斯·库克的《漂亮房子：关于床、桌子、凳子和烛台的随笔》绘制了卷首插画。1880—1881年他受邀参加了格罗夫纳画廊的装饰设计开创性展览。

插画作品激发了他的创作能力，创作能力也同时影响着他的插画作品，尤其是在平衡性和图案方面。创作能力和插画总是相

辅相成的。为字母表卷首创作的有趣插画和他设计的壁纸一样严谨。在《好笑的ABC字母》这本书里，克兰把页面设计为竖排，字母在上，文字在下，其中还添加了充满喜剧色彩的好笑图片。然而，在《幼儿字母表》中，页面的设计却是竖排字母，横排故事。

后来，克兰在《设计基础》（1898年）和《线条与形式》（1900年）等著作中概述了自己的观点。他从如何遮挡形状、如何凸显轮廓的重要性，如何通过姿势表达情绪，以及如何将文字与装饰联系起来这几个角度出发教导学生，线条不同方向和角度可以吸引眼球并给人带来不同的感受。他的教学观点也正是他本人的经历写照：自信的设计创作加上浪漫快乐的元素是使他变得魅力四射的秘诀。

左上图
《萱草》壁纸，1897—1898年

右上图
《漂亮房子》，卷首插画，1878年

第62页图
《好笑的ABC字母》，1870年

第63页图
《幼儿字母表》，1875年

E for the Englishman, ready to make fast
The giant who wanted to have him for breakfast.

F for the Frog in the story, you know,
Begun with a wooing but ending in woe.

G for Goosey Gander who wandered upstairs,
And met the old man who objected to prayers.

W w
X x
Y y
Z z
WE'LL go a-shooting, says Robin to Bobbin; We'll go a-shooting, says Richard to John;
We'll go a-shooting, says John all alone; We'll go a-shooting, says every one.
XMAS GIFTS. The first day of X-mas My mother sent to me A partridge in a pear tree.
YULE DAYS. The king sent his lady on the first Yule day, A papingo-aye: Who learns my carol & carries it away?
ZOOLOGICAL Gardens, where you shall go, too; But it's through ABC that we get to the Zoo.

歌剧和歌曲

1875年，克兰因为劳特利奇出版社在他的新合同中拒绝支付版税而与之分道扬镳。埃文斯而后为劳特利奇出版社发现了两位未来的玩具书插画之星：伦道夫·凯迪科特和凯特·格林纳威来接替克兰的位置。而令克兰不快的是，他创作的情人节贺卡恰恰是与格林纳威的《颤抖的爱》（1876年）一起出版的。这些情人节贺卡和圣诞贺卡、复活节贺卡均是由马库斯·沃德出版公司出版，克兰的哥哥汤姆不久后成了该出版公司的艺术总监。

1876年，克兰加入沃恩公司。因为他一直在为马奥瓷砖公司设计正方形瓷砖，所以受其启发，创作了《幼儿歌剧：一本关于旧韵文和新裙子的书》这本小四方书。书里的曲子是由他姐姐露西谱的。此书共56页，由埃文斯刻印，书中颜色有3种：淡蓝色、绿色和粉红色。书店老板们不看好这本书，但是大众却十分喜爱。这本书的第一版共印刷10000册，瞬间卖光。20年后，《幼儿歌剧》卖了共50000册。随后，1878年，克兰和露西一起创作了《幼儿手花》这本带有多首歌曲和漂亮插画的书。作家佩

左下图和右下图
《幼儿歌剧》，1877年

左上图
爱德华·伯恩-琼斯的《赫斯帕里德斯花园》，1869—1873年

右上图
《幼儿歌剧》，1877年

第66和67页图
《排箫：一本老歌》，1883年

内洛普·菲茨杰拉德敏锐地指出，克兰的《我们绕着桑树林走》与伯恩-琼斯的《赫斯帕里德斯花园》遥相呼应。

鉴于这本书的成功出版，克兰的前东家劳特利奇出版社立即委托凯特·格林纳威出书。格林纳威创作的《窗下：儿童画和儿童歌谣》（1879年）成为伟大的儿童畅销书之一，这本书非常有趣，由埃文斯负责印刷。克兰虽然很生气，但他享受一直以来做书的过程。乐谱采用的是几何设计，而书页则呈现了音乐精神，和谐有节奏，含蓄又自由。其赠书《五月一日：仙女面具》也遵循着此种严谨又活泼的风格。这首诗是由其老友约翰·R.怀斯写给查尔斯·达尔文的。书中的手写体和浮雕式的飞禽走兽、精灵和仙子、青蛙和花朵的素描图有趣又不失优雅。而《排箫：一本老歌》一书中，克兰为乐谱和歌词设计了不同的呈现方式，这是一本非常流行的书，它预示着潘神与新异教主义在世纪之交的流行。

"COME·LIVE·WITH·ME"
hills and
There we will sit upon the rocks,
And see the shepherds feed their flocks
By shallow rivers, to whose falls
Melodius birds sing madrigals.
There will I make thee beds of roses,
And twine a thousand fragrant posies :
A cap of flowers, and a kirtle,
Embroidered all with leaves of myrtle.

ool,
we pull :
e cold,
old.

A belt of straw and ivy buds,
With coral clasps and amber studs :
And if these pleasures may thee move,
Come, live with me, and be my love.

The shepherd swains shall dance and sing
For thy delight each May morning ;
If these delights thy mind may move,
Then, live with me, and be my love.

家和阅读

19世纪70年代，克兰成家有了孩子后，发现了创作儿童书的乐趣。他在为安·泰勒的诗《我的母亲》创作插画时，以妻子玛丽和小女儿比阿特丽斯为模特。克兰的女儿比阿特丽斯于1873年2月出生在罗马，之后他的两个儿子莱昂内尔和兰斯洛特分别于1876年、1880年出生，另外两个孩子却不幸早逝。所以在他的儿童作品里，既有辛酸又有乐趣。

克兰一家先是住在谢菲尔斯布什地区伍德巷的弗洛伦斯住宅区，1875年搬到了博蒙特小舍附近，并从朋友爱德华·波因特那

左图
《我的母亲》，1873年

里租了一间花园工作室。克兰确信，《幼儿歌剧》《幼儿手花》《五月一日：做面具》的成功是源于“一种感情与思想相融的氛围，对孩子的全视角观察和对动物花朵的各种观察，以及周围是古旧花园、果园和草地的工作室环境——虽然离查令十字区不超过四公里”，但那是一条喧闹的波希米亚风格住宅区，画有各种绘画和奇怪的东西，朋友们聚在那儿参加化装舞会，一群宠物在房间里爬来爬去，其中，还包括一只鳄鱼。克兰用铅笔、墨水和水彩笔在笔记本上为孩子们创作插画故事。因为他的笔记本大多是黑色封面，所以叫作“黑本读物”。

和玩具书一样，这些书也融入了真实生活和奇幻想象：比阿特丽斯可能会带着她的洋娃娃出现，或是跟蜥蜴学意大利语。《比阿特丽斯在仙境》是一本为庆祝她6岁生日而创作的插画故事书。在这本书中，她坐在魔毯上飞行，然后被善良的字母从拼写错误的字母怪物那里解救了出来。两年后，克兰创作了《比阿特丽斯：她的美丽之书》，这是一本具有开创性的连环漫画。他将孩子们带进与青蛙、豚鼠、兔子、马和狗这些动物一起冒险的游戏中，他还为他们写故事和创作插画。后来可爱有趣的《老鼠迈克尔先生开始它的故事》就应运而生。这本插画书预示了《小陶匠比阿特丽斯》及现代动物故事的产生。克兰一生中创作了近30本插画故事书，但只有2本插画故事书《莱昂内尔的传说》和《率性而为的兰斯洛特》出版。

《幼儿歌剧》和其他与家庭相关的书籍反映了克兰对儿童的敏锐观察，这让他的教学变得生动有趣。1884年和1885年，他为梅克莱约翰的《超好用的入门书》创作了简单又生动的插画，这是一本有趣的字母表读本。

克兰坚信教育不应受规则的约束，而应注重每个人的能力发挥。1886年，在与拉斯金的一次交流中，他认为婴儿的思维“天生无畏、开放、好奇、有逻辑”，不应被道德与宗教间的虚假联系或保守的思想所滥用。儿童首先是通过眼睛去学习的，“眼睛是他们接受思想的主要器官”。作为一名艺术家，他有义务将这些思想清楚化。

LEAVES · from BEATRIKE'S Book of Beauties: 1
The Weather-cock crew, And the East wind blew: And the little champion his tin-tootle, too!
This roused the noble "DUKE", Who shot a fiery look:
A Squire of Dames, in duty, Bound to fight for "BEAUTY".
Fair "MARTHA" neatly drest, With comb & creamy vest: "BROWNIE", too, a trifle plainer, You're not expected to disdain her.
The young idea 1
Cheep!
2 very cheap!
3 Cheaper still!
4 Gets an appointment in the corn bin
5. Latest result!
Now we turn to golden guineas, Though black the "PARSON", to begin, is:
Next to him, hairdresser "FLUFFY" Keeps his custom, sleek & scruffy:
EASY SHAVING
Then come the brothers "PATCH" & "MASK" And which is which, sure, none will ask!

第70页图
《比阿特丽斯：她的美丽之书》，
1881年

左上图
《莱昂内尔扮演的俄耳甫斯》，1881年

右上图
《兰斯洛特的化妆镜》，1888年

右图
《老鼠迈克尔先生开始它的故事》

1886年，克兰通过他哥哥任职的马库斯沃德出版公司出版了《三个R的浪漫》和3本小书（分别出版）：《小女王安妮》《石板和瓦尼亚铅笔》《钩子与毅力》，这些书是用钢笔、水彩墨水画的，就像写给自己孩子的故事书一样，《小女王安妮》里，安妮女王爬上“一个容易爬行的音符”梯子；《石板和瓦尼亚铅

上图
《超好用的入门书》，1884—1885年

第73页图
《钩子与毅力》，1886年

笔》讲的是在一个热闹荒岛的故事；《钩子与毅力》满篇都是视觉和语言双关：一位水手（“AB”—— 一个有能力的水手）用一支笔掌舵，带着珀西（Percy Vere）坐着“C”字的船出海，当珀西最终和“ABC”字的蛇搏斗时，他“用笔当武器用力地挥动着”。

黑白格林

19世纪70年代，克兰开始创作一种以黑白为主的新风格。和凯根·保罗合作时，他为罗伯特·路易斯·史蒂文森的《内陆航行》（1878年）和《堂吉诃德》画了卷首插画。和麦克米伦出版社合作时，他为黛娜·穆洛克的小说和莫尔斯沃斯夫人的道德故事创作插画，一合作就是很多年，一共合作了18本书。大部分插

左图
《堂吉诃德》，卷首插画，1879年

画展现了他漫不经心却流畅的风格和捕捉动作的能力。

他为其黑白作品绘制了繁复又严谨的图案。在为玛丽·德·摩根（其兄弟是陶瓷设计师威廉·德·摩根，为其第一本书《针插之上》绘制插画）的《菲奥里蒙德公主的项链》绘制插画时，克兰的整版设计和结构背景，都在致敬着丢勒及早期印刷作品。他还兴致勃勃地摆弄着奇形怪状的头饰和尾饰，尽最大可能地利用细

上图
《圣诞树岛》，1884年

小的空间营造效果。

1882年，麦克米伦出版社出版了克兰绘制的《格林童话之家庭故事》。这本书中的图画、边框、首字母和章尾花饰强烈地展示了中世纪风格。该书的译者是克兰的姐姐露西，也是他工作的伙伴。她同样仰慕拉斯金，同样赞同他的观点，即艺术是一种跨阶级的通用语言。“我们必须把艺术视为一个独立的世界，”她写道，“它是通过艺术家和工匠之手，借大自然之源而产生的。”1882年年初，露西着力于装饰艺术的演讲工作，但却在一场北方巡回演讲之后病倒了。她于1882年3月31日离世，享年41岁。克兰当时正因他的孩子尤斯塔斯的夭折而饱受丧子之痛，露西的死让他彻底崩溃。几个月之后，露西的6篇演讲稿出现在了《艺术与品味的形成》上。克兰和哥哥汤姆一同绘制了这本书的插画。在某种程度上来说，《格林童话之家庭故事》是对露西的纪念。

顶图

《菲奥里蒙德公主的项链》，章尾花饰，1886年

上图

《艺术与品味的形成》中的露西·克兰，作者沃尔特·克兰，1882年

第77页图

《格林童话之家庭故事——鹅姑娘》，1882年

GOOSE GIRL
O WIND, BLOW CONRADS HAT AWAY,
AND MAKE HIM FOLLOW AS IT FLIES,
WHILE I WITH MY GOLD HAIR WILL PLAY
AND BIND IT UP IN SEEMLY WISE!
SWAIN SC

觉醒

在为《格林童话》创作插画时，克兰的政治生涯也发展得如火如荼。19世纪60年代，他参加了许多关于工人权利及《1866年改革法案》特权扩张的会议。读了穆勒、斯宾塞和达尔文的著作后的克兰认为社会进化是必然的，尽管他也认同孔德的说法。19世纪70年代，克兰和威廉·莫里斯一样，还是个自由主义者。但在加入任何党派之前，他却称自己是一个“无意识的社会主义者”。著名诗人雪莱的观点同样给了他灵感。雪莱坚持认为想象力可以对抗压迫，诗人（和所有艺术家）应该像过去那样成为先知或“世界上不被认可的立法者”。1875年，克兰在《蒙德太太在家》中展示了地球母亲邀请太阳、月亮、星星和“各式各样人类名流和各种民族”来参加一场奇妙的化装舞会的场景。掌管天文学的缪斯女神乌拉妮娅，领着身材娇小的丁尼生、莫里斯、罗塞蒂和斯温伯恩来参加舞会，空中女王也乘风而来。空中女王长着拉斯金的头，头上的皇冠是由《劳工书简》做成的。《劳工书简》是拉斯金《致英国工人和劳工》月报系列的总集。这幅作品暗喻众位作家和艺术家联合工人可以引领潮流。

在意大利，克兰被15世纪风格的画家所吸引，尤其是波提切利。1877年，他与伯恩-琼斯和惠斯勒一起参加了第一届的格罗夫纳画廊的展览。在展览中，他受到波提切利希望通过《维纳斯的文艺复兴》实现文化觉醒的启发。克兰的女神维纳斯在拍打着浪花的浅滩中泰然自若（将女神维纳斯的外表中性化可能是因为妻子玛丽强烈反对克兰与衣着暴露的女性共事）。复兴的主题也为克兰在1878年的插画书《珀耳塞福涅的命运》注入了活力，虽然冥王布鲁托骑着马将珀耳塞福涅抢回了冥界，但她依旧能在春天返回人间。珀耳塞福涅是希望的象征，是在黑暗中发芽的种子。这个想法在克兰1880年的画作《欧罗巴》和《春天的胜利》中反复出现。就像在《美女与野兽》中一样，女主人公可以改变世界。一首带有插画的长诗《三只赛壬》，首次以连载的形式于1885年发表在《英国画报》上。关于实现新希望的艰难，他

写道：

> 就像金星在发亮的海面上闪耀，
> 或者像是大地上的花神珀耳塞福涅，
> 她埋在土里，看！又将重生，
> 是时候让她重生了。

他首次进行社会主义论战的作品便是《三只赛壬》。这部作品是在布莱克和爱德华·菲茨杰拉德翻译的《鲁拜集》，以及威廉·莫里斯的影响下创作的。作品中的诗歌以一种颇受布莱克影响的风格手写而成，字体弯曲，线条流畅充满动感，并向上延伸。克兰认为布莱克是一位总能用自己独特的方式表达观点的先知和革命家，他们也很相似，常从过去寻找灵感。1889年，克兰

上图
《蒙德太太在家》，1875年

上图

《珀耳塞福涅的命运》，1878年

右图

《三只赛壬》，版画CXXXIX，1886年

在讲《书籍的插画装饰》时把布莱克称为先驱：

> 威廉·布莱克与众不同且独树一帜。他是一位诗人，一位先知，也是一位设计师。他身上似乎有种古代启蒙者的精神正在觉醒……而他在表达自己的观点和理想时，又会自然而然地采用现代设计的方法。

从那时起，克兰愈发感受到插画家歌颂自由理想和觉醒的技艺，必须用到实现社会主义的理想上。

上图
《睡美人》，1876年

哥特式工艺美术

自19世纪60年代以来，克兰一直崇拜威廉·莫里斯，一直欣赏他的画作和书稿。他和莫里斯一样反帝国主义，并对社会的不平等感到绝望，同时又被莫里斯的慷慨激昂的演讲所激励。当莫里斯在1884年加入亨德曼的民主联盟（不久后改为社会民主联盟或SDF）时，他的许多崇拜者感到非常失望，随后克兰在一次交流莫里斯的《艺术与社会主义》这本小册子时，重新对他肃然起敬。这本小册子中写道："困难消失了，从悲观的边缘消失了，这就是人类的进步，我承认自己是一名社会主义者，这一认知始终存于我心。"克兰在1885年加入了莫里斯所在的社会主义联盟，是社会民主联盟的一个分支机构。同时他设计机构卡片，并为联盟刊物《全体公民》配图。5年后，他协助莫里斯创办了"汉默史密斯社会主义协会"。

1886年，莫里斯请克兰为莫里斯公司画一幅卡通画，画的挂毯取材于《格林童话之家庭故事——鹅姑娘》。尽管克兰的设计方案并没有起到很大的作用，但是这个项目加强了他们提升工艺品材质的共同使命。那时克兰执着地投身于工艺美术运动。1882年，他加入了"十五人"组织，这是一个由画家、设计师、建筑师和一位雕塑家组成的团队，每月都举办思想交流会。两年后，克兰成为艺术工作者协会的创始人之一。1888年，工艺美术展览协会在摄政街（克兰的妻子玛丽也在此展览了她的刺绣作品）的"新画廊"举办了首次展览，而克兰是核心人物：1888—1889年担任协会会长；19世纪80年代末至1912年（除去莫里斯在1893—1896年接管的那几年）担任展览协会主席。

克兰还和莫里斯一起为莫里斯的大四开本的社会主义幻想小说《灿烂平原的故事》配图。莫里斯设计了首字母和边框的形式，而克兰则设计了插画，这些由玛丽的表兄弟亚瑟和欧内斯特·莱弗里特操刀雕刻。克兰努力迎合莫里斯的品位，尽管他担心他的作品没有"那么有哥特感"，担心他的纯线条有时会被厚重的雕刻盖住或是被装饰淹没。然而实际效果很抢眼。而后同年，

第83页左上图
汉默史密斯社会主义协会会员卡

第83页右上图
工艺美术展览协会卡，1888年

第83页下图
《灿烂平原的故事》，1894年

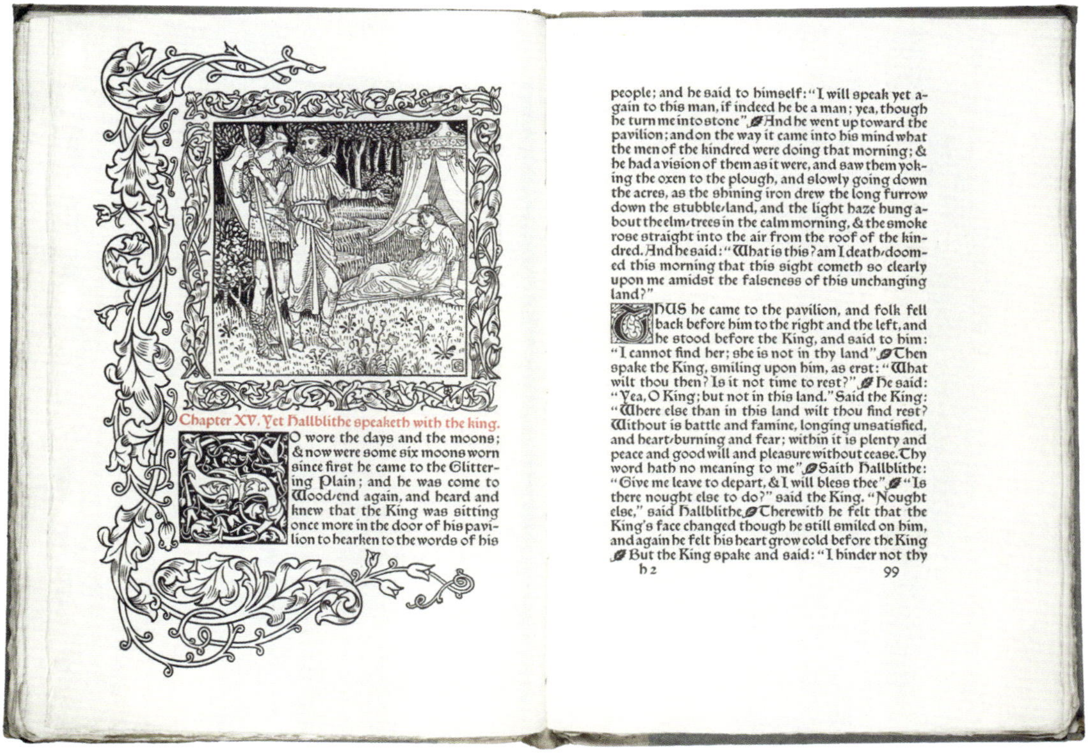
Chapter XV. Yet Hallblithe speaketh with the king.

SO wore the days and the moons; & now were some six moons worn since first he came to the Glittering Plain; and he was come to Wood-end again, and heard and knew that the King was sitting once more in the door of his pavilion to hearken to the words of his

people; and he said to himself: "I will speak yet again to this man, if indeed he be a man; yea, though he turn me into stone". And he went up toward the pavilion; and on the way it came into his mind what the men of the kindred were doing that morning; & he had a vision of them as it were, and saw them yoking the oxen to the plough, and slowly going down the acres, as the shining iron drew the long furrow down the stubble-land, and the light haze hung about the elm-trees in the calm morning, & the smoke rose straight into the air from the roof of the kindred. And he said: "What is this? am I death-doomed this morning that this sight cometh so clearly upon me amidst the falseness of this unchanging land?"

THUS he came to the pavilion, and folk fell back before him to the right and the left, and he stood before the King, and said to him: "I cannot find her; she is not in thy land". Then spake the King, smiling upon him, as erst: "What wilt thou then? Is it not time to rest?" He said: "Yea, O King; but not in this land." Said the King: "Where else than in this land wilt thou find rest? Without is battle and famine, longing unsatisfied, and heart-burning and fear; within it is plenty and peace and good will and pleasure without cease. Thy word hath no meaning to me". Saith Hallblithe: "Give me leave to depart, & I will bless thee". "Is there nought else to do?" said the King. "Nought else," said Hallblithe. Therewith he felt that the King's face changed though he still smiled on him, and again he felt his heart grow cold before the King. But the King spake and said: "I hinder not thy

h 2 99

他为莫里斯的朋友奇斯威克出版社的埃利斯创作了另一幅“哥特风格”的作品——卡克斯顿的《狐狸莱纳德的故事》。克兰用他的方式画出了莫里斯式的边饰，边饰周围画满了弯弯曲曲的藤蔓。

1893—1894年，克兰在风格中稍微运用了精致风，为威廉·莎士比亚所著的《暴风雨》《温莎的风流娘儿们》《维罗纳的两位绅士》绘制插画。但他并没有意识到这种风格在他宏大的作品——《仙后》（埃德蒙·斯宾塞所著）里有些过时。《仙后》的插画也是为奇斯威克出版社创作的。1894—1897年，他的231幅插画作品中，有12部插画书出现了卷首插画和卷尾花饰，

左上图
《狐狸莱纳德的故事》，1894年

右上图
《暴风雨》，1893年

左上图
《仙后》，1894—1897年

右上图
《牧羊人日历》的封面，1898年

其中有19处是整页插画。木刻作品仍然略显沉重，但画面却生动且富有想象力，充满了他对诗歌的热爱，克兰把它当作对理想社会追求的寓言。

克兰也并未丢弃从前优雅、清晰的作画风格，他为斯宾塞的首部大作《牧羊人日历》创作插画。这部作品的封面大胆却简单，封面描绘了一个穿着旋转斗篷的孤独人带着他的狗与羊群。整本书给人的感觉有如微风拂面。在画面的其他位置，克兰添加了移动的人物，其背景是田园风，这一切让这个作品生动起来。

社会主义和艺术

“我们的目标是废除阶级制度，建立一个真正的人民民主制度。”克兰在《艺术与社会民主》一书中讲道。他在凯尔姆斯柯特见了萧伯纳之后，开始谈论社会主义和艺术，并加入了费边社。他坚持认为，装饰艺术的复兴不仅源自其“在手工艺有着重要根基，而且与日常生活和社会条件息息相关”。在一个商业统治的社会里，大规模生产和土地、工业的垄断带来了奴役、贫穷和分裂，政治自由只能通过经济自由，即“生存手段的集体所有权和共同所有权”来实现。

克兰为国际社会主义运动创造了一种风格。其1885年创作的油画《自由》中描绘了一个长着翅膀的天使，从一个暴力的国王和头戴冠饰的祭司那里将一个禁锢的青年恢复自由身的故事，这个青年是人类的象征——戴着代表自由的红帽——然后他将此插画作为《三只赛壬》的插画框架。

19世纪80年代中期，克兰突然开始了大量创作。1885年，他创作了《自由》插画，并为亨德曼的杂志《正义》绘制了一本情感强烈的漫画《资本主义吸血鬼》。忧思于帝国主义的罪恶，他绘制了一幅大英帝国地图，向世界寻找自由、友爱和团结。当他的导师林顿从美国寄来一套诗歌时，他创作了《儿童伊索寓言》直

下图
政治明信片和贺卡

第87页图
《三只赛壬》，版画LXXIII，1886年

LXXIII.
SO Man, held hand & foot, a slave behold
Between the soldier-King & priest of old;
By force & fraud bound fast as by two chains—
How long, O Man, how long shall they thee hold?

指政治道德的阴暗面。在《一捆木棍》中，林顿的座右铭是“力量在于团结”，与工会的口号“团结就是力量”相呼应。克兰的插画也展现了这种精神。

在克兰的大型油画作品中，有一部分作品的人物古典，衣着暴露，风格偏维多利亚晚期；但在社会主义题材的作品中，风格却呈现出乌托邦式的紧迫感。他的插画成为一种象征符号，跨越了语言边界，是自由之翼、自由之帽。传递火炬的工人，欢呼雀跃，手舞足蹈的人们在他的作品中比比皆是。一个重要的标志在他的长诗《工匠之梦》（1889年）和《费边随笔》设计中出现，那就是沉思的狮身人面像。1843年，托马斯·卡莱尔曾在《过去和现在》中也使用狮身人面像来说明英国工业化的问题。“你不知道吗？”克兰对萧伯纳说，“个人主义的狮身人面像正在紧紧

左图
《费边随笔》扉页，1889年

地抓着这个世界，但社会主义的俄狄浦斯则对这个政治、道德、经济、社会的谜题给出了真正的答案。然后个人主义的狮身人面像就被打败了。”

他坚持着这些理想，戴着自由之帽在摄影棚里和莱昂内尔合影留念。克兰对1887年11月社会主义集会期间警察的暴力行为感到震惊，他设计了一本小纪念册，为死于骑警枪下的阿尔弗雷德·林内尔的女儿筹款。作为一名费边社成员，他坚信教育能引起日积月累的改变，最终取代暴力革命。19世纪90年代，他认识了克鲁泡特金，十分钦佩他，并深受其无政府主义和共产主义思想的影响，并对创办集体的、自愿的协会产生了兴趣。在这些协会里，艺术家不但可以创作，还能自由地表达自己的想法。克兰写道：“我们希望艺术也有艺术的语言，希望有一种在人

上图
《儿童伊索寓言》，1886年

民政治自由、社会自由和个体多样性下发展而来的‘全面和谐统一体’。”

多年来，他和各个领域都合作过，包括为期刊和图书画标题，创作游行横幅，制作社会主义明信片和贺卡等。他的设计随处可见。比如：路易斯·米歇尔国际学校的简介，埃比尼泽·霍华德《明日的田园城市》（1902年）的封面，曼彻斯特的素食主义的斯摩曼面包店的传单，《儿童的社会主义读者》（1907年）的插画，罗伯特·布拉奇福的自行车行的《克莱瑞恩》杂志的插

上图
克兰和莱昂内尔在工作室

上图

斯摩曼面包店的传单

画，英国世界语插画，妇女选举权示威插画，以及健康和艺术服饰协会插画，（玛丽也同样热衷于反约束运动，尽管她曾在1906年的一次会议中亲切地讲道：“现在我也会喜欢有一点小小的支撑。”）即便是着装都是对自由的一种表达。

克兰为人寿保险公司创作的广告设计图体现了克兰对工人福利的关注。他也和很多行业的老牌机构合作：为怀特查佩尔艺术画廊的前面设计了一堵镶嵌砖，旨在把艺术带给穷人；与乔吉·伯恩-琼斯等人一起建立了工作室和图书馆，也就是后来的坎伯韦尔艺术学院；和莫里斯、建筑师拉纳·萨格登合作，为斯塔福德郡利克的“威廉·莫里斯劳工教堂”的彩色墙壁设计模板。

当时，复古的17世纪舞台造型和面具非常流行（克兰是舞台协会的委员，后来和叶芝一起成为了假面协会的核心人物。他很喜欢叶芝，面容白皙，一头乌黑的长发，举止文静，神情帅气）。1899年，他为艺术工作者协会组织了一场名为“美丽的觉

醒”的假面舞会，舞曲由阿诺德·多尔梅茨提供。这场舞会向人们展示了社会主义下的艺术如何摆脱资本主义的禁锢，像在法耶蒙德公主梦里的理想城市里那样：

> 人之所以工作，是因为和创作工艺美术一样愉悦，
> 东西之所以有用，是因为它能让心变得快乐，
> 用心装饰的插画墙，是技能换来的日常所需。

在《星期六评论》中，马克斯·比尔博姆高兴地表示，设计师们“不仅仅是为了古物复兴，也是为了让过去的形式适应现代的理念”。

但克兰最主要的“现代”社会主义工作是创作漫画来庆祝重要的日子。他精心绘制了《劳工的胜利》（1891年）来庆祝首个国际劳动节——作品里的工人、女孩和婴儿、牛车和天使具有罕见的文艺复兴风格。这一作品被印刷成了法语、德语、意大利语和英语。从1894—1912年，他的许多漫画，比如《五月一日的“花环”》等，都是在亨德曼的《正义》杂志上连载的，装饰性框架是他不变的风格，而且漫画主题经常是突出农村的繁荣，不是工业的落后。他的漫画《为事业而画》作为1896年国际社会主义工人和工会代表大会的纪念品出版。

上图
为自行车行的《克莱瑞恩》杂志的设计，1894年

第93页图
经济人生办公室的广告，1891年

ECONOMIC
LIFE · OFFICE
FOR A RAINY DAY
MUTUAL
LIFE
ASSURANCE
AT
LOW
PREMIUMS
FOUNDED
1823
6. NEW BRIDGE STREET
BLACKFRIARS. LONDON: E C

亨德曼写道，“没有人，甚至包括威廉·莫里斯，在让艺术直接成为社会主义宣传品方面比克兰做得多。没有人能像他那样对那些要求远离社会主义并认为它能破坏美感的怀疑者产生如此大的影响。”

第94和95页图
《劳工的胜利》，1891年

OF LABOUR
LIBERTY
EQUALITY
FRATERNI
THE LABOUR MAY DAY 1891
DESIGNED & DRAWN WALTER CRANE
AL LABOUR DAY MAY 1 MDCCCXCI
LL COUNTRIES

·A·GARLAND·FOR·MAY·DAY·1895·

·DEDICATED·TO·THE·WORKERS·BY·WALTER·CRANE·

奇迹

除了专注社会主义和艺术工作者协会的事业外，克兰仍然有时间进行轻松的作品创作。1888年，他在《快乐王子》中以温柔的笔触描绘了奥斯卡·王尔德的故事。包括奥布里·比尔兹利在内的许多新一批艺术家承认了他的影响力，而当新艺术风格在19世纪80年代末和90年代初开始流行时，他的设计师声誉开始飙升。1891年，在邦德街的美术协会举办了一场回顾展，展出了他的100幅作品包括插画、陶瓷、纺织品、壁纸、水彩画和油画。

克兰在欧洲接着举办了巡回展，然而在1892年，他们蹒跚学步的孩子“胖娃娃”米梵薇死去了，克兰带着他的家人来到了美国。在这里，他为被定罪的芝加哥无政府主义者辩护，其中四人

第96页图
《五月一日的“花环”》，1895年

右图
《快乐王子》，金属版画2，1888年

在1887年被处决。这一辩护冒犯了社会领袖，但赢得了自由派媒体的支持。在这次美国的旅程中，克兰遇到了包括爱默生在内的文学巨擘，并游览了从旧金山到纽约的沿线城市。他受邀为芝加哥世界博览会制作纪念册，写了一首配有12幅插画的史诗《哥伦比亚的示好》（1893年），歌颂了美国的历史，同时坚定地维护工人和非洲裔美国人的权利。

在佛罗里达州，克兰为纳撒尼尔·霍桑的《一本适合男女的浪漫读物》创作了60幅彩绘和19幅全本版画，被印刷成6种颜色，平版印刷。虽然一开始印刷出来的颗粒效果让他很是困扰，但这些版画是温和生动的。他将自己的社会主义信仰和神话结合在一起，表达了潘多拉——一个在当时最受大众喜欢的人物，在戴着自由之帽的厄庇墨透斯和神秘盒子之间犹豫不决。潘多拉的盒子打开后，邪恶布满整个人间，但希望仍在，无论是在盒子里

左下图

《芝加哥的无政府主义者》，载于《自由:无政府主义共产主义杂志》，1894年11月

右下图

《哥伦比亚的示好》，1893年

还是在革命者身上。

19世纪90年代，克兰将他大部分的精力都花在了组织和教育上。1893—1896年，他成为曼彻斯特艺术学院的设计总监。1898年，他担任英国皇家艺术学院的校长。克兰尽管殚精竭虑，他却不是工艺美术展览协会最好的组织者和同事，协会对于资金缺乏和他对年轻成员疏于管理的作风大为不满，他们认为克兰太不切实际。

在写给曼彻斯特学生的文章《线条和形式》中，克兰讲述了自己对艺术和社会的理解，那是一种乌托邦式的理想。他写道，设计的基础应该“是友好合作当先，而非盲目为存在或一场激烈的竞争进行战斗”。

他的书幽默、热情且古怪，这让他的朋友们很是喜欢。他们从美国回来后，就搬到肯辛顿的13号霍兰德街，家里一大堆布满

右图

《一本适合男女的浪漫读物》，1892年

灰尘的东西——旧瓷器，雕刻的人像，印度神像和船舰模型，还有宠物，其中有一只卷尾猴睡在火炉旁。据建筑师C.R.阿什比描述，玛丽·克兰那时“善良美丽，身材丰满，是一个母爱满满又美好的人”，她经常坐在彩色的四轮马车上，或是骑着一匹小马，穿着红色天鹅绒长袍在公园里穿行。克兰家办过很多假面舞会，阿什比还记得1897年在莱昂纳尔21岁生日会上产生的美好回忆。那天玛丽接待了700位客人，客人都装扮为向日葵（当然，姓克兰的都装扮成了鹤）。阿什比说：“正是因为那些忘我的人，比如克兰夫妇，让这个世界变得轻松愉快。”

1895—1914年，约翰·莱恩出版社以更大开本重新出版了克兰的玩具书，供新一代读者阅读。克兰的儿女们已长大成人，各自独立：比阿特丽斯成为了一名刺绣师和作家，莱昂内尔成为了一名建筑师，兰斯洛特则成了一名天才艺术家。可见克兰在他们小时候对他们的浇灌现在已结出果实。克兰在创作家庭故事绘本时带有轻松和自信让他晚年创作的花卉图书非常生动。在《植物的盛宴：花的面具》中，他将图案、自由、奇幻、观察及新艺术和自然都结合在了一起。这是系列书籍的第一本书，每本书籍的风格略不相同，但克兰创作的植物图案经过精心设计后，栩栩如生。《夏日皇后，或百合与玫瑰选美比赛》（1891年）中有40个中世纪风格的设计，而受玛格丽特·德兰委托创作于美国的《老花园和其他诗篇》，采用了一种对比鲜明的哥特式文字，且富有自由浮动的景象和装饰。

在这个系列的最后一本创作完成后，克兰为亚瑟·凯利创作的怪诞作品《玫瑰花蕾和其他故事》（1909年）创作插画，插画中花仙子结合了梦幻“肥皂泡”、魔镜和一颗自命不凡的网球，他所有的图书都是彩色半色调，并在积木上雕刻图画来印刷的。这一机械过程使克兰可以更加专注地工作，完全不用担心雕刻师或平版印刷师会影响图画印刷。他的插画比早期作品更传统，细节更精细，具有感召力。他凭借对中世纪的服饰和布景的情有独钟，以及对人物和浪漫的感觉创作了亨利·吉尔伯特的《亚瑟国王的骑士》（1911年）和《罗宾汉和绿林好汉》（1912年）中的

上图
《沃尔特·克兰的绘本》的广告，1899年

插画。然后他为玛丽·麦格雷戈的作品《罗马故事》（1912年）和《希腊故事》创作的插画风格又回到了古典世界的神话传说。

1900年，关于克兰作品的大型回顾展在布达佩斯开幕。1902年，在奥地利和德国巡展后，该展在都灵作为现代装饰艺术国际展览

The little Lilies of the Vale,
White ladies delicate & pale;

（苏格兰展区展出了查尔斯·伦尼·麦金托什和格拉斯哥学院）中的英语展区亮相。在意大利，国王维克托·伊曼纽尔三世授予了克兰一个头衔，让他自豪地觉得自己也是有“荣誉勋章”的人了，玛丽则称自己为“克兰太太”。克兰本人游历广泛，在拜罗伊特听过瓦格纳，并对欧洲的农民服饰和刺绣着迷。他发表了自己的演讲，并于1907年出版了《回忆录》和《印度印象》，书中讲述了他和玛丽的一次旅行，并强烈批判英国的统治制度。虽然批判，但他仍然积极竞选。作为一个坚定的和平主义者，他相信战争是资本家为了获取利益而发动的。1900年，当费边社赞成布尔战争时，他便从费边社辞职。在第一次世界大战前夕，他一直在用满腔热血为和平而战——当时的克兰并不知道，他的儿子会在第一次世界大战中牺牲。

在霍兰德街的生活虽然充实却也坏事不断。1911年，比阿特丽斯卷入了一场暴风雨般激烈的离婚风波。不久后玛丽病情

第102页图
《植物的盛宴：花的面具》，1889年

左上图
《希腊故事》，1913年

右上图
克兰和玛丽在布达佩斯，1900年

加重。1914年12月8日，玛丽在肯特郡金斯诺斯接受休养疗法后，她选择在附近的铁路线结束了自己的生命，一头扎进了列车轨道。克兰随后也精神不济，在3个月后的1915年3月14日离开人世。

沃尔特·克兰是美学和工艺美术运动的领军人物，是一位具有影响力的社会主义艺术家，但对许多人来说，他只是奇幻故事的插画大师。他一直喜爱假面舞会和化装舞会，同时也是一位表演艺术家，为幻想世界的舞台拉开了帷幕。他所创作的玩具书神奇地不断被再版，他憧憬，不管条件多恶劣都能实现，具有唤醒和改变世界的力量，会永存不灭。

上图和第105页图

《穿靴子的猫》终稿，摘自《沃尔特·克兰绘本》，1897年第三卷

参考书目

沃尔特·克兰一生中主要出版物（其中不包括书籍、书籍封面、杂志的插图）

主要插画书（玩具书都标有“TB”字样）

1862

John R. de Capel Wise, *The New Forest: Its History and its Scenery*, Smith, Elder

1865

The Affecting Story of Jenny Wren (TB), Ward, Lock & Tyler

The Comical Cat (TB), Ward, Lock & Tyler

The Farm Yard Alphabet (TB), Routledge

The House that Jack Built (TB), Ward, Lock & Tyler

The Railroad Alphabet (TB), Routledge

Nathaniel Hawthorne, *Transformation: or, The Romance of Monte Beni*, Smith, Elder

1866

Cock Robin (TB), Frederick Warne

A Gaping-Wide-Mouth-Waddling Frog (TB), Frederick Warne

The House that Jack Built (TB), Frederick Warne

Sing a Song of Sixpence (TB), Frederick Warne

1867

Chattering Jack (TB), Routledge

The Multiplication Table in Verse (TB), Routledge

The Old Courtier (TB), Routledge

John Aikin & Mrs Barbauld, *Evenings at Home*, Frederick Warne

1868

Grammar in Rhyme (TB), Routledge

How Jessie was Lost (TB), Routledge

1869

Annie and Jack in London (TB), Routledge

One, Two, Buckle My Shoe (TB), Routledge

1870

The Absurd ABC (TB), Routledge

The Adventures of Puffy (TB), Routledge

The Fairy Ship (TB), Routledge

King Luckieboy's Party (TB), Routledge

1871

King Luckieboy's Picture Book (TB), Routledge

This Little Pig went to Market (TB), Routledge

1872

Noah's Ark Alphabet (TB), Routledge

1873

Ali Baba and the Forty Thieves (TB), Routledge

Cinderella (TB), Routledge

My Mother (TB), Routledge

The Three Bears (TB), Routledge

Walter Crane's New Toy Book (TB), Routledge

1874

The Absurd ABC (TB), Routledge

An Alphabet of Old Friends (TB), Routledge

Beauty and the Beast (TB), Routledge

The Frog Prince (TB), Routledge

Goody Two Shoes (TB), Routledge

Old Mother Hubbard (TB), Routledge

Puss in Boots (TB), Routledge

Valentine and Orson (TB), Routledge

Walter Crane's Picture Book (TB), Routledge

1875

Aladdin, or, The Wonderful Lamp (TB), Routledge

Baby's Own Alphabet (TB), Routledge

Bluebeard (TB), Routledge

The Hind in the Wood (TB), Routledge

Jack and the Beanstalk (TB), Routledge

Little Red Riding Hood (TB), Routledge

Mrs Mundi at Home: The Terrestrial Ball, R.S.V.P., Marcus Ward

Princess Belle-Etoile (TB), Routledge

The Yellow Dwarf (TB), Routledge

Mary Molesworth, *Tell Me a Story* (1st of 18 books, all Macmillan)

1876

Absurd Alphabet, Baby's Own Alphabet & Noah's Ark Alphabet (combined edition; TB), Routledge

Chattering Jack's Picture Book (TB), Routledge

The Quiver of Love: A Collection of Valentines, with Kate Greenaway, Marcus Ward

The Sleeping Beauty in the Wood (TB), Routledge

1877

The Baby's Opera: A Book of Old Rhymes with New Dresses, Frederick Warne

Mother Goose's Nursery Rhymes, with other illustrators, Routledge

1878

The Baby's Bouquêt, Routledge

1879

The Children's Musical Cinderella (TB), Routledge

1880

Mary de Morgan, *The Necklace of Princess Fiorimonde*, Macmillan

1881

John R. de Capel Wise, *The First of May: A Fairy Masque*, Henry Sotheran

1882

Household Stories from the Collection of the Brothers Grimm, trans. Lucy Crane, Macmillan

1883

Theo Marzials, *Pan-Pipes: A Book of Old Songs*, Routledge

1884–85

J. M. D. Meiklejohn, *The Golden Primer*, Parts 1 & 2, Blackwood

1885

Slateandpencil-vania, Marcus Ward

Mrs Burton Harrison, *Folk and Fairy Tales*, Ward and Downey

1886

Little Queen Anne, Marcus Ward

Pothooks & Perseverance: or the ABC-Serpent, Marcus Ward

A Romance of the Three R's, Marcus Ward

The Sirens Three: A Poem, Macmillan

1887

Legends for Lionel, in Pen and Pencil, Cassell

Little Miss Peggy: Only a Nursery Story, Macmillan

The Baby's Own Aesop: Being the Fables Condensed in Rhyme, Routledge

George C. Warr, *Echoes of Hellas*, 2 vols, Marcus Ward

1888

Oscar Wilde, *The Happy Prince and Other Tales*, David Nutt

1889

The Book of Wedding Days, Longmans

Flora's Feast: A Masque of Flowers, Cassell

Beatrice Crane, *The Procession of the Months*, R. H. Bath, Wisbeach (reissued in Little Folks annual 1891, and in 1907)

1891

Queen Summer, or, The Tourney of the Lily and the Rose, Cassell

Renascence: A Book of Verse, Elkin Mathews

1892

Nathaniel Hawthorne, *A Wonder Book for Girls and Boys*, Osgood, McIlvaine

1893

Columbia's Courtship, Louis Prang, Boston

Margaret Deland, *The Old Garden and Other Verses*, Osgood, McIlvaine

William Shakespeare, *The Tempest*, J. M. Dent

1894

The History of Reynard the Fox, trans. F. S. Ellis, David Nutt

Elizabeth Harrison, *The Vision of Dante*, Chicago Kindergarten College

William Morris, *The Story of the Glittering Plain*, Kelmscott Press

William Shakespeare, *The Merry Wives of Windsor*, George Allen

William Shakespeare, *Two Gentlemen of Verona*, J. M. Dent

Edmund Spenser, *The Faerie Queene*, ed. T. J. Wise (19 parts, 1894–97), George Allen

1895
Walter Crane's Picture Books, Vol. 1: *This Little Pig his Picture Book* (TB reissue), John Lane
H. C. Beeching, *A Book of Christmas Verse*, Methuen
1896
Cartoons for the Cause 1886–1896: A Souvenir of the International Socialist Workers and Trade Union Congress, 1896, Twentieth Century Press
1897
'The Craftsman's Dream', *Labour Leader*, 1 May
Walter Crane's Picture Books, Vol. 2: *Mother Hubbard her Picture Book* (TB reissue), John Lane
—, Vol. 3: *Cinderella's Picture Book* (TB reissue), John Lane
1898
A Floral Fantasy in an Old English Garden, Harper & Brothers
Walter Crane's Picture Books, Vol. 4: *Red Riding Hood's Picture Book* (TB reissue), John Lane
Edmund Spenser, *The Shepheard's Calender*, Harper & Brothers
1899
Beauty's Awakening: A Masque of Winter and Spring, *The Studio*, special summer number
Walter Crane's Picture Books, Vol. 5: *Bluebeard's Picture Book* (TB reissue), John Lane
Nellie Dale, *The Dale Readers*, George Philip & Son
1900
Don Quixote of the Mancha, re-told by Judge Parry, Blackie
Walter Crane's Picture Book, Frederick Warne
1901
Walter Crane's Picture Books, Large Series, Vol. 1: *Beauty and the Beast Picture Book* (TB reissue), John Lane
—, Vol. 2: *Goody Two Shoes Picture Book* (TB reissue), John Lane
Charles Lamb, *A Masque of Days: from the Last Essays of Elia*, Cassell
1905
A Flower Wedding, Cassell
1906
Flowers from Shakespeare's Garden: A Posy from the Plays, Cassell
1907
A. A. Watts, *The Child's Socialist Reader*, Twentieth Century Press
1909
Walter Crane's Picture Books, Large Series, Vol. 3: *The Song of Sixpence Picture Book* (TB reissue), John Lane
Arthur Kelly, *The Rosebud, and Other Tales*, T. Fisher Unwin
1910
Walter Crane's Picture Books, Large Series, Vol. 4: *The Buckle My Shoe Picture Book* (TB reissue), John Lane
F. J. Gould, *The Children's Plutarch*, Harper & Brothers
1911
Alfred C. Calmour, *Rumbo Rhymes, or, The Great Combine, a Satire*, Harper & Brothers
Henry Gilbert, *King Arthur's Knights*, T. C. & E. C. Jack
1912
Henry Gilbert, *Robin Hood and the Men of the Greenwood*, T. C. & E. C. Jack
Mary Macgregor, *The Story of Rome*, T. C. & E. C. Jack
1913
Mary Macgregor, *The Story of Greece*, T. C. & E. C. Jack
1914
Puss in Boots and The Forty Thieves (TB reissue), John Lane
The Sleeping Beauty and Bluebeard (TB reissue), John Lane
The Three Bears and Mother Hubbard (TB reissue), John Lane

其他作品

In chronological order

Lucy Crane, *Art and the Formation of Taste*, Macmillan, 1882
Arts & Crafts Exhibition Society: Catalogue of the First Exhibition, New Gallery, 1888, The Society, 1888
The Claims of Decorative Art, Lawrence and Bullen, 1892
On the Study and Practice of Art: An Address, Saturday, March 4th, 1893, Manchester Guardian Printing Works, 1893
Of the Decorative Illustration of Books Old and New, George Bell & Sons, 1896
The Bases of Design, George Bell & Sons, 1898
'The Work of Walter Crane, with Notes by the Artist', *Easter Art Annual, 1898*, *Art Journal*, J. S. Virtue, 1898
Great Masters of Decorative Art: Sir Edward Burne-Jones, by Aymer Vallance; William Morris, by Lewis F. Day; Walter Crane with notes by himself, *Art Journal*, 1900
Line and Form, George Bell & Sons, 1900
Moot Points: Friendly Disputes on Art & Industry between Walter Crane and Lewis F. Day, B. T. Batsford, 1903
Ideals in Art: Papers Theoretical, Practical, Critical, George Bell & Sons, 1905
India Impressions: with some notes of Ceylon during a Winter Tour, 1906–7, Methuen, 1907
An Artist's Reminiscences, Methuen, 1907
Hazelford Sketch Book, The John Barnard Associates, Cambridge, MA, 1937
Mr Michael Mouse Unfolds His Tale, Yale University Library, New Haven, CT, 1956

Select secondary works

Paul George Konody, *The Art of Walter Crane*, George Bell & Sons, 1902
Catalogue of Memorial Exhibition of Paintings and Water-Colour Drawings by Walter Crane, Bromhead, Cutts & Co., 1920
Gertrude C. E. Massé, *A Bibliography of First Editions of Books Illustrated by Walter Crane*, The Chelsea Publishing Co., 1923
Rodney K. Engen, *Walter Crane as a Book Illustrator*, Academy Editions, 1975
Isobel Spencer, *Walter Crane*, Studio Vista, 1975
Greg Smith and Sarah Hyde (eds), *Walter Crane 1845–1915: Artist, Designer and Socialist*, Lund Humphries in association with the Whitworth Art Gallery, University of Manchester, 1989
David E. Gerard, *Walter Crane and the Rhetoric of Art*, Nine Elms Press, 1999
Anne H. Lundin, *Victorian Horizons: The Reception of the Picture Books of Walter Crane, Randolph Caldecott and Kate Greenaway*, Scarecrow Press, 2001
Tomoko Masaki, *A History of Victorian Popular Picture Books*, Kazamashobo, Tokyo, 2006
Morna O'Neill, *'Art and Labour's Cause is One': Walter Crane and Manchester 1880–1915*, Whitworth Art Gallery, Manchester, 2008
Helen Stalker, *From Toy Books to Bloody Sunday: Tales from the Walter Crane Archive*, Whitworth Art Gallery, Manchester, 2009
Morna O'Neill, *Walter Crane: The Arts and Crafts, Painting, and Politics, 1875–1890*, Yale University Press, 2010
Harvard Library Bulletin, 26:1–2 (Spring–Summer 2015), Special Walter Crane Issue, Hope Mayo and Francesca Tancini

年表

1845 年 8 月 15 日，沃尔特·克兰出生在利物浦。11 月，一家人搬到托基附近的厄普顿

1857 年 5 月，克兰一家搬到伦敦的谢菲尔斯布什地区阿尔弗雷德别墅 2 号

1858 年，克兰一家搬至诺丁山附近的兰姆顿露台

1859 年 1 月，在 W.J. 林顿 33 号埃塞克斯街的作坊当学徒。7 月，其父亲托马斯·克兰逝世

1861 年至 1863 年，为《伦敦社会》《每周一次》《康希尔》和《好词佳句》创作的插画

1862 年 1 月，学徒生涯结束。作品《夏洛特夫人》挂于皇家艺术学院。为《新森林》画插画

1863 年，开始和埃德蒙·埃文斯共事，其中合作的插画包括特拉福德的《荒原与沼泽》。和约翰·R. 怀斯首次拜访德比郡的皮克区

1865 年，为纳撒尼尔·霍桑的《变形记》（或称《玉石人像》）创作插画。首部为埃文斯创作的玩具书

1866 年 2 月，和兄长汤姆一起去了巴黎。7 月，插画载于《笨拙画报》。开始创作“六便士”玩具书

1869 年，创作黑白插画作品，其中包括 C. 马歇尔的《国王加布的故事袋》

1871 年 9 月 6 日，克兰和玛丽·弗朗西斯·安德鲁斯在朗豪坊的万灵教堂举行了婚礼。他们旅居意大利首都罗马直到 1873 年

1873 年 2 月，比阿特丽斯·克兰出生。5 月，克兰一家返回伦敦，住在谢菲尔斯布什地区。劳特利奇出版社推出“六便士系列”“沃尔特·克兰玩具书系列”

1874 年，推出“先令系列”

1875 年，和麦克米伦出版社合作，创作黑白插画作品

1876 年，和劳特利奇出版社的合约到期后，加入沃恩出版社。莱昂内尔·克兰出生

1877 年，与伯恩-琼斯和惠斯勒在新开的格罗夫纳画廊展出《维纳斯的文艺复兴》

1878 年，创作《珀耳塞福涅的命运》

1880 年，兰斯洛特·克兰出生

1880 年至 1881 年，在格罗夫纳画廊举办装饰设计展

1881 年，尤斯塔斯·克兰出生。12 月至次年 1 月，游览意大利

1882 年 1 月，尤斯塔斯夭折。3 月 31 日，露西·克兰逝世。露西·克兰的演讲稿出现在了《艺术与品味的形成》上。加入“十五人”组织

1884 年，美术工作者协会成立在皮卡迪利大街的水彩画画家学会处（1886 年辞职）展览，跟随莫里斯加入民主联盟。12 月，发布第一部社会主义卡通作品《政党斗争和新政党》

1885 年 3 月，加入莫里斯的社会主义联盟。4 月至 9 月，在《英国画报》杂志上连载《三只赛壬》。7 月，卡通作品《资本主义吸血鬼》问世。10 月，加入费边社，做关于“艺术与商业主义”的演讲

1886 年，参与柏林国际展览英语组的工作

1887 年 11 月 20 日，朋友阿尔弗雷德·林内尔在社会主义集会上受重伤

1888 年，米梵薇·克兰出生。4 月至 5 月中旬，游览希腊。担任工艺美术协会在摄政街的“新画廊”举办首次展览的协会负责人（1888—1889 年）；担任展览协会主席至 1912 年（除去莫里斯在 1893—1896 年担任的那几年）。传统水彩协会的成员之一：余生的展览都和他们一起办。为奥斯卡·王尔德的作品创作插画，《快乐王子》

1889 年，在巴黎世界博览会上获得银牌。《植物的盛宴：花的面具》——克兰首部关于花朵的书

1890 年，和莫里斯一起创办汉默史密斯社会主义协会。担任健康和艺术服饰协会的副主席

1891 年 3 月 18 日，蹒跚学步的“胖娃娃”米梵薇·克兰去世。在邦德街的美术协会举办了首场回顾展。出版《新生：一本诗集》。乔治·福·瓦茨绘制了克兰的自画像。参加布鲁塞尔“Les XX”展览

1892 年，到访美国。发表在《装饰艺术的主张》上的谈话和社会主义演讲。12 月，搬家到霍兰德街 13 号

1893 年，兼职锡兰（今斯里兰卡）的曼彻斯特艺术学院的设计总监。柏林装饰艺术博物馆推出克兰画展；该画展在欧洲巡展至 1896 年

1894 年，克兰夫妇游览了拜罗伊特。为莫里斯创作的插画，为柯姆史考特出版社创作的《灿烂平原的故事》，并为奇斯威克出版社创作卡克斯顿《狐狸莱纳德的故事》

1894 年至 1897 年，为斯宾塞创作的插画《仙后》

1896 年 10 月 3 日，莫里斯去世。作品在哥本哈根、斯德哥尔摩和克里斯蒂安娜应用艺术博物馆展出

1898 年，为斯宾塞的首部大作《牧羊人日历》创作插画，由奇斯威克出版社印刷。7 月，成为皇家艺术学院校长，一年后辞职

1899 年 6 月 29 日，《美丽的觉醒：春冬的假面舞会》在伦敦市政厅展出。克兰扮演透纳

1900 年，从费边社辞职，抗议他们对待布尔战争的态度。《堂吉诃德》，由派瑞法官重述。《线条与形式》出版。在布达佩斯应用美术博物馆做巡展；满载荣誉到访匈牙利

1901 年，维也纳第二届展览。1902 年夏天，参加爱尔兰都灵展览。保罗·G. 科诺迪，《沃尔特·克兰的艺术》

1903 年 1 月 2 日，成为皇家水彩画画家协会正式会员。1 月 10 日，被授予“Croce di Grande Ufficiale dell’ordinedella Corona d’Italia”勋章成为意大利勋位骑士。3 月，主持假面协会的成立大会

1904 年，获得英国皇家艺术学会阿尔伯特奖章

1905 年，《艺术妙想》，作品集，附皇家学院学生插画

1906 年至 1907 年冬，到访印度和担任设计总监

1912 年 1 月，意大利国王维克托·伊曼纽尔三世授予他骑士勋章

1914 年 12 月 18 日，在肯特郡的铁路线上发现已死亡的玛丽·克兰。验尸官给出的结论是：因暂时性精神错乱而造成的自杀

1915 年 3 月 14 日，克兰在苏塞克斯的霍舍姆小屋医院去世

致谢

我很荣幸能成为编著这套系列丛书的一员，我要感谢昆丁·布雷克、克劳迪娅·泽夫、罗杰·索普、朱莉娅·麦肯齐，以及泰晤士 & 赫德逊出版社给予我的鼓励和支持。还要感谢卡门·卡利送给我的1889年《费边随笔》，罗西·多德借给我的沃尔特·克兰玩具书，罗杰·索普给我的克兰创作的社会主义明信片和宣传作品。最后，我要特别感谢惠特沃思美术馆提供的所有收藏的沃尔特·克兰的作品目录及作品。

图片来源

尺寸以厘米（或英寸）表示。a= 上面 b =下面;c =中心;l =左;r =右

2 *The Song of Sixpence Picture Book*, London: John Lane, 1909; **4** Collection of Roger Thorp; **6** *The Work of Walter Crane*, London: J. S. Virtue & Co., 1898; **7** Beinecke Library, Yale University, New Haven, CT; **8** Anthony Crane Collection, UK/Bridgeman Images; **10** F. J. Gould, *The Children's Plutarch*, New York & London: Harper & Bros, 1910; **11** The Caroline Miller Parker Collection, The Walter Crane Archive. Houghton Library, Harvard University, Cambridge, MA; **13** Courtesy the Whitworth, The University of Manchester; **14** Private collection; **15** Oil on canvas, 24.1 × 29.2 (9½ × 11½). Yale Center for British Art, New Haven, CT. Paul Mellon Fund (B1986.24); **16** Oil on canvas, 25.5 × 33.5 (10 × 13¼). Private collection, PD/Sotheby's; **17** Alfred Tennyson, *Poems*, London: E. Moxon, 1857; **19a** Oil on canvas, 122.5 × 183.3 (48¼ × 72⅛). Laing Art Gallery, Newcastle upon Tyne, UK. Photo Granger/Shutterstock; **19b** Courtesy the Whitworth, The University of Manchester; **20** Beinecke Library, Yale University, New Haven, CT; **22** John Richard de Capel Wise, *The New Forest*, London: Smith, Elder, 1862; **23l** Photo 2018 Malcolm Warrington/fotoLibra; **23r** George MacDonald, *At the Back of the North Wind*, London: Strahan & Co., 1871; **24** Heraclitus Grey (C. Marshall), *King Gab's Story Bag*, London & New York: Cassell, Petter & Galpin, 1869; **25, 26** *Walter Crane Hazelford Sketch Book*, Cambridge, MA: John Barnard Associates, 1937; **28** Bret Harte, *Sensation Novels*, London: Ward, Lock & Co., 1875; **29** *The Affecting Story of Jenny Wren*, London: Ward, Lock & Tyler, 1865; **30, 31** Courtesy the Whitworth, The University of Manchester; **32, 33** The Caroline Miller Parker Collection, The Walter Crane Archive. Houghton Library, Harvard University, Cambridge, MA; **34** *Grammar in Rhyme*, London: George Routledge & Sons, 1868; **35l** *Annie and Jack in London*, London: George Routledge & Sons, 1869; **35r** Courtesy the Whitworth, The University of Manchester; **36** *The Song of Sixpence Picture Book*, London: John Lane, 1909; **37** *A Gaping-Wide-Mouth-Waddling Frog*, London: George Routledge & Sons, 1866; **38l** *The Buckle My Shoe Picture Book*, London: John Lane, 1910; **38r** *The Fairy Ship*, London: George Routledge & Sons, 1870; **39l, 39r** Walter Crane, *An Artist's Reminiscences*, London: Methuen & Co., 1907; **40, 41** The Osborne Collection of Early Children's Books, Toronto Public Library; **42** Metropolitan Museum of Art, New York. Gift of Mr and Mrs Bryan Holme, 1982 (1982.1125.2); **43, 44, 45, 46** *Walter Crane's Picture Books*, Vols 2–5, London: John Lane, 1897–99; **48–49, 50, 51** Beinecke Library, Yale University, New Haven, CT; **52a** *The Yellow Dwarf*, London: George Routledge & Sons, 1875; **52b** *Princess Belle-Etoile*, London: George Routledge & Sons, 1875; **53** Beinecke Library, Yale University, New Haven, CT; **54** Tempera on paper, 71.1 × 40.6 (28 × 16). Leeds Museums and Galleries (Leeds Art Gallery)/Bridgeman Images; **56–57** Beinecke Library, Yale University, New Haven, CT; **58** The Caroline Miller Parker Collection, The Walter Crane Archive. Houghton Library, Harvard University, Cambridge, MA; **59** British Museum, London; **60, 61l** Victoria and Albert Museum, London; **61r** Clarence Cook, *The House Beautiful*, New York: Scribner, Armstrong & Co., 1878; **62, 63** *Walter Crane's Picture Books*, Vols 2 & 5, London: John Lane, 1897, 1899; **64l, 64r** *Walter Crane's Picture Book*, London: Frederick Warne & Co., 1900; **65l** Tempera, gouache and oil on card and canvas, 119 × 98 (46⅞ × 38⅝). Kunsthalle Hamburg. Photo Art Collection 2/Alamy Stock Photo; **65r** *Walter Crane's Picture Book*, London: Frederick Warne & Co., 1900; **66–67** Collection of Roger Thorp; **68** *The Buckle My Shoe Picture Book*, London: John Lane, 1910; **70** The Caroline Miller Parker Collection, The Walter Crane Archive. Houghton Library, Harvard University, Cambridge, MA; **71al** Courtesy the Whitworth, The University of Manchester; **71ar** The Caroline Miller Parker Collection, The Walter Crane Archive. Houghton Library, Harvard University, Cambridge, MA; **71b** *Mr Michael Mouse Unfolds his Tale*, New Haven: Yale University Library, 1956; **72** J. M. D. Meiklejohn, *The Golden Primer*, London & Edinburgh: William Blackwood & Sons, 1884; **73** Walter Crane Collection, Camberwell College of Arts Library, University of the Arts London. Image courtesy University of the Arts London; **74** Beinecke Library, Yale University, New Haven, CT; **75** Mrs Molesworth, *Christmas-Tree Land*, London: Macmillan & Co., 1884; **76a** Mary de Morgan, *The Necklace of Princess Fiorimonde and Other Stories*, London: Macmillan & Co., 1886; **76b** Lucy Crane, *Art and the Formation of Taste*, London: Macmillan & Co., 1882; **77** Collection of Roger Thorp; **79** Walter Crane Collection, Camberwell College of Arts Library, University of the Arts London. Image courtesy University of the Arts London; **80a** Oil and tempera on canvas, 122.5 × 267 (48¼ × 105⅛). Christie's Images, London/Scala, Florence; **80b** Beinecke Library, Yale University, New Haven, CT; **81** *Walter Crane's Picture Books*, Vol. 5, London: John Lane, 1899; **83al** Getty Research Institute, J. Paul Getty Trust, Los Angeles, CA; **83ar** Private collection; **83b, 84l, 84r** Beinecke Library, Yale University, New Haven, CT; **85l** Walter Crane Collection, Camberwell College of Arts Library, University of the Arts London. Image courtesy University of the Arts London; **85r** Beinecke Library, Yale University, New Haven, CT; **86l, 86cl, 86cr, 86r** Collection of Roger Thorp; **87** Morgan Library & Museum, New York; **88** PJ Mode Collection of Persuasive Cartography. Division of Rare & Manuscript Collections, Cornell University Library, Ithaca, NY; **89l** G. Bernard Shaw (ed.), *Fabian Essays in Socialism*, London: The Fabian Society, 1889; **89r** Collection of Roger Thorp; **90** John Rylands Library, The University of Manchester Library; **91l, 91r, 92** Courtesy the Whitworth, The University of Manchester; **93** Collection of Roger Thorp; **94–95** Courtesy the Whitworth, The University of Manchester; **96** Private collection/Photo Ken Welsh/Bridgeman Images; **97** Oscar Wilde, *The Happy Prince and Other Tales*, London: D. Nutt, 1888; **98l** Private collection; **98r** *Columbia's Courtship*, Boston: Prang, 1893; **99** Nathaniel Hawthorne, *A Wonder Book for Girls & Boys*, Boston: Houghton Mifflin, 1892; **101** *Walter Crane's Picture Books*, Vol. 5, London: John Lane, 1899; **102** Walter Crane Collection, Camberwell College of Arts Library, University of the Arts London. Image courtesy University of the Arts London; **103l** Mary Macgregor, *The Story of Greece*, London & Edinburgh: T. C. & E. C. Jack, 1913; **103r** From Isobel Spencer, *Walter Crane*, London: Studio Vista, 1975, with courtesy to Mrs A. E. Clark-Kennedy; **104, 105** *Walter Crane's Picture Books*, Vol. 3, London: John Lane, 1897; **112** Courtesy John Rylands Library, The University of Manchester Library.

对本书有重要贡献的人

简妮·厄果洛（Jenny Uglow）为18世纪和19世纪的英国作家和艺术家写过广受好评的传记，她为银月学社所作的集体传记获得了詹姆斯·泰特·布莱克纪念奖，而她写的《爱德华·利尔的一生》在2018年获得了霍桑登奖。厄果洛目前在英国皇家学会的担任副会长。

昆丁·布雷克（Quentin Blake）是英国最杰出的插画家之一。他在皇家艺术学院执教20年，并于1978年至1986年间，在该校担任插画系系主任一职。布雷克于2013年获得骑士勋章，以表彰他在插画领域的贡献。2014年在法国又被授予荣誉军团勋章。

克劳迪娅·泽夫（Claudia Zeff）是一位艺术总监，从事图书封面、杂志及儿童书的插画委托业务多年。她协助昆丁·布雷克创立了“插画之屋”博物馆，现任副馆长。自2011年起，她担任昆丁·布雷克的创意顾问。

索引

斜体代表插画页码